Die Indianer Nordamerikas

Alexander Emmerich

Die Indianer Nordamerikas

Geschichte, Kultur, Mythos

Bibliografische Information Der Deutschen Nationalbibliothek
Die Deutsche Nationalbibliothek verzeichnet diese Publikation
in der Deutschen Nationalbibliografie; detaillierte bibliografische Daten
sind im Internet über *http://dnb.d-nb.de* abrufbar.

Umschlaggestaltung: Stefan Schmid Desighn, Stuttgart, unter Verwendung eines Fotos von picture-alliance / akg-images (*Apsaroke-Crow zu
Pferde* von Edwards S. Curtis, um 1908)

© 2011 Konrad Theiss Verlag GmbH, Stuttgart
Alle Rechte vorbehalten
Lektorat: Thomas Theise, Regensburg
Satz und Gestaltung: Satz & mehr, R. Günl, Besigheim
Druck und Bindung: CPI – Ebner & Spiegel, Ulm

ISBN: 978-3-8062-2424-5
ISBN PDF: 978-3-8062-2481-8

Besuchen Sie uns im Internet: www.theiss.de

INHALT

TEIL I
MYTHOS

Wer sind „die Indianer"?

Spricht man von den Indianern Nordamerikas, so sehen wir vor dem inneren Auge einen stolzen Krieger der Komantschen, der Cheyenne, der Apatschen oder der Sioux, hoch zu Ross auf einem edlen Pferd aus eigener Züchtung. Der Schweif des Pferdes weht im Präriewind genauso wie der Kopfschmuck des Indianers aus Adlerfedern. In der Hand hält er entweder ein Gewehr, eine indianische Kriegslanze oder ein Tomahawk, auf dem Rücken trägt er einen Köcher mit Pfeilen und einen Bogen. Denken wir weiter über diesen Indianer nach, so stellen wir uns vor, dass er in einem Dorf mit vielen Tipis lebt, mit seinen Brüdern und Verbündeten die Friedenspfeife raucht, im Kampf Kriegsbemalung trägt, die wilden Flüsse Nordamerikas mit einem Kanu hinunterfährt und seine Feinde am Marterpfahl foltert.

Solche Bilder und Vorstellungen haben wir aus Filmen, Fernsehserien, Büchern und Comics. Die Indianer Nordamerikas beschäftigen die Menschen in Amerika und Europa seit langem, sie regten deren Fantasie an, belebten die Populärkultur und bescherten uns so viele heroische, traurige und interessante Geschichten. Doch wie waren die Indianer Nordamerikas wirklich? Wie haben sie gelebt, wie verlief ihre Geschichte? Meist wird über die Indianer aus der Perspektive der Weißen erzählt, da letztere die Geschichten überliefern und die Indianer selbst bis weit ins 19. Jahrhundert hinein keine schriftlichen Aufzeichnungen machten.

Dazu kommt, dass die Indianer – anders als vielfach angenommen – niemals ein einheitliches Volk mit einer gemeinsamen Geschichte waren. Die Indianer sind genauso unterschiedlich, wie die Europäer, Asiaten oder Afrikaner es sind. Auch auf dem nordamerikanischen Kontinent lebten verschiedene Völker mit unterschiedlichen Sprachen und Lebensweisen. Ein Lakota wird immer von der Geschichte der Lakota erzählen, ein Apatsche von jener der Apatschen. Von einer gemeinsamen Geschichte der Indianer sprechen nur die wenigsten, weil diejenigen Menschen, die wir auf Deutsch als Indianer bezeichnen, sich selbst nicht als ein einheitliches Volk mit einer gemeinsamen Geschichte verstehen.

Wenn man die Geschichte der Indianer Nordamerikas betrachtet, muss man sich bewusst machen, dass dies die Geschichte von vielen Völkern und Stämmen ist, über die wir heute mehr oder weniger wissen. Insofern ist sie beispielsweise nicht vergleichbar mit der Nationalgeschichte einer europäischen Nation.

Überhaupt wird die Bezeichnung *Indianer* heute eher problematisch gesehen, da sie eine Fremdbezeichnung ist und darüber hinaus etwas umschreibt, was von denen, die damit gemeint sind, so nicht wahrgenommen wird. Doch während der englische Ausdruck *indians* heute nicht mehr als politisch korrekt eingestuft wird, ist zwar das verwandte deutsche Wort Indianer unglücklich, aber nicht negativ oder gar rassistisch konnotiert. Im Gegenteil: Im deutschen Sprachraum werden mit dem Begriff überaus positive Eigenschaften wie Respekt, Edelmut, Tapferkeit und Naturliebe verbunden. Neben dem Begriff Indianer gibt es im Deutschen keine wirklich treffende Bezeichnung für die Ureinwohner Nordamerikas. Es ist daher wichtig, die Entstehungsgeschichte der unterschiedlichen Bezeichnungen und ihre jeweilige Konnotation näher zu betrachten.

Als Christoph Kolumbus 1492 in Amerika landete, hatte er eigentlich beabsichtigt, einen neuen Seeweg über den Atlantik nach Indien zu entdecken. Den neuen, fremden Boden, den er nach seiner Überfahrt betrat, betrachtete er daher wie selbstverständlich als Indien. Es gilt als wahrscheinlich, dass Kolumbus bis zu seinem Tod glaubte, wirklich in Indien gelandet zu sein. Die Menschen, auf die er in der neuen Welt traf, nannte er spanisch *indios*. Dieser Begriff ist wie das englische *indians* heute negativ belegt. Dies umso mehr, als sowohl im Englischen wie auch im Spanischen damit auch die Einwohner Indiens gemeint sind, wodurch sich sprachliche Missverständnisse ergeben. Der Begriff ist zudem eine Fremdbezeichnung, die sich die Menschen Nordamerikas nie selbst gegeben haben, und die viele – aber nicht alle Stämme – selbst auch nie verwenden würden.

Im Deutschen wird zwischen *Indern* und *Indianern* unterschieden, weil der Begriff für die Einwohner Nordamerikas erst später und nicht im direkten Kontakt mit ihnen entstanden ist. Der deutsche Begriff ist zwar eine Fremdbezeichnung, hat aber keinerlei rassistische Untertöne und wird auch nicht abwertend verwendet. Er bezeichnet lediglich aus deutscher Perspektive alle ursprünglichen Bewohner Nordamerikas – ohne die Menschen in der Arktis und Subarktis. Problematisch ist der Begriff *Indios*, der für die Ureinwohner Südamerikas verwendet wird, da dessen spanischer Ursprung als herabsetzend zu verstehen ist.

Die moderne Kultur- und Sozialwissenschaft hat Formulierungen wie *Native Americans*, *First Nations* oder *Indigenous Peoples of the Americas* eingeführt, die im Einzelfall natürlich auch unzutreffend sein können. Zudem wird durch Übersetzungen ins Deutsche oder in andere Sprachen das Bemühen um eine angemessene Bezeichnung für die Indianer Nordamerikas eher komplizierter.

Wichtig bei der Verwendung des Begriffs Indianer bleibt, dass die vielen Stämme der *Native Americans* nicht als ein indianisches Volk oder als eine indianische Nation zu verstehen sind. Auch in der höchsten Bedrängnis im 19. Jahrhundert handelten sie nicht als eine Einheit. Ihre Vielfalt drückt sich vor allem darin aus, dass sie verschiedene Sprachen und Religionen besitzen und ihre Lebensweise immer an die jeweiligen, sehr unterschiedlichen klimatischen Verhältnisse Nordamerikas angepasst haben. Die einzelnen Stämme handelten miteinander, führten Kriege und schlossen Bündnisse. In ihrer Unterschiedlichkeit glichen sie durchaus den Europäern. Doch die frühen Europäer begriffen die Indianer als ein einheitliches Volk, was sich teilweise bis in unsere Zeit erhalten hat. In diesem Verständnis umfassen „die Indianer Nordamerikas" all jene, die nördlich der amerikanisch-mexikanischen Grenze leben.

Ähnlich verhält es sich mit dem Begriff *Wilder Westen*. Der Wilde Westen war für die Indianer keine Wildnis, sondern ihr angestammter Lebensraum. Nur aus der Sicht der Weißen war dieser Teil Nordamerikas wild, unbesiedelt und gesetzlos. Er galt als unzivilisiert, obwohl dort seit Tausenden von Jahren die Indianer in Einklang mit der vermeintlichen Wildnis lebten. Als diese Wildnis im 19. Jahrhundert „zivilisiert" wurde, bedeutete dies, dass die Stämme des Westens ihren Lebensraum, ihre Kultur und ihre Eigenständigkeit verloren wie die Stämme des Ostens durch die englischen Kolonien in den Jahrhunderten davor. Von den ehemals geschätzten zehn bis zwölf Millionen Indianern nördlich des Rio Grande waren Schätzungen zufolge am Ende des 19. Jahrhundert nur noch etwa

237 000 am Leben, wobei es zu den Zahlen unterschiedliche Quellen gibt und die Anzahl der übrig gebliebenen Indianer schwer zu erfassen ist.

Die indianische Kultur ging im Laufe des 19. Jahrhunderts beinahe zugrunde – sie zeigt erst jetzt, über hundert Jahre nach dem Ende der Indianerkriege, erste Anzeichen von Erholung. Bezeichneten sich im alle zehn Jahre durchgeführten Zensus der USA im Jahr 1900 nur noch 237 000 Amerikaner als Indianer, waren es 1960 bereits 523 000. Im Jahr 1990 waren es bereits über zwei Millionen, heute sind es geschätzte vier Millionen. Viele amerikanische Stars rühmen sich heute, indianische Vorfahren zu haben, unter anderen Cher, Johnny Depp, Tommy Lee Jones, Cameron Diaz und Chuck Norris. Dieser selbstbewusste öffentliche Umgang mit den eigenen Wurzeln bezeugt ein Umdenken und einen neuen Stellenwert der Indianer in der amerikanischen Gesellschaft.

Doch in der Vergangenheit sah das oft anders aus. Gerade zu Beginn der Entdeckung durch die Europäer, waren diese oft dem Irrglauben verfallen, dass es *eine* indianische Nation gab. Daraus folgerten viele, dass alle Indianer gleich in Sitte, Tradition, Kultur aber auch in Religion, Landwirtschaft und Rechtsprechungen seien. Tatsächlich konnten die einzelnen Stämme nicht unterschiedlicher sein. Es existieren viele indigene Sprachen, über deren Einteilung und Abgrenzung in der Wissenschaft Uneinigkeit herrscht. Die nordamerikanischen Indianer lassen sich angesichts ihrer Vielfalt am ehesten in Kulturregionen unterteilen, wenn man annimmt, dass die vorherrschenden Umweltbedingungen relativ homogene Kulturen geformt haben. Trotzdem unterschieden sich die Völker und Stämme auch innerhalb einer Kulturregion deutlich voneinander. Nach Arktis, Subarktis und Nordwestküste wird der Osten Nordamerikas in das Nordöstliche und das Südöstliche Waldland unterteilt. Die Kulturregionen im Westen sind die Plains, das Plateau, das Große Becken, Kalifornien und der Südwesten.

Auch Organisation und Lebensweise der *Native Americans* unterschieden sich erheblich. So gab es zu Beginn des 19. Jahrhunderts „demokratisch" organisierte Stämme mit Ältestenrat, Stammesrat und Ratsfeuer, die sogenannten „Fünf zivilisierten Stämme", doch ebenso monarchisch strukturierte Stämme. Manche lebten von der Jagd auf Meerestiere, andere waren Nomaden, wiederum andere betrieben Ackerbau und Handel.

Im Laufe der Jahrtausende bildeten sich aufgrund von Gemeinsamkeiten in der Lebensweise, gemeinsamen Traditionen und ähnlichen Dialekten oder Sprachen Stämme heraus. Viele Indianerstämme bestehen aus weiteren kleineren Einheiten, sogenannten Unterstämmen, die eigene Gesetze und eigene Führer hatten. In Kriegszeiten, bei der kulturell wichtigen Büffeljagd sowie bei religiösen Zeremonien und Festen fanden sich die Unterstämme zusammen und bildeten eine große Stammesgemeinschaft.

Obwohl die Geschichte der Indianer Nordamerikas kaum oder nur schwer als solche darzustellen ist – weil sich die als Indianer bezeichneten nicht als ein einheitliches Volk verstanden –, aus europäischer Perspektive und für europäische Leser wird sie am greifbarsten an der Auseinandersetzung der Indianer mit den Europäern und später mit den Amerikanern, auch wenn damit ihrer Perspektive und Eigenständigkeit nicht vollständig Rechnung getragen wird. Hierfür fehlen den Historikern auch Quellen aus der Zeit vor dem ersten Kontakt mit den Europäern, so dass dieser Teil der Geschichte der Indianer lediglich archäologisch rekonstruiert werden kann. Bis weit ins 20. Jahrhundert hinein waren die Geschichtsschreiber und Erzähler stets Weiße, so dass auch hier die Perspektive der Indianer zu kurz kommt. Daher folgt das vorliegende Buch einerseits der europäisch-amerikanischen Geschichtsschreibung, nimmt jedoch andererseits in den einzelnen Kapiteln auch die Perspektive der Indianer ein, um ihnen, ihrem Selbstverständnis und ihrer Lebensweise gerecht zu werden.

Letztlich mussten sich die indianischen Gesellschaften infolge des Vordringens der Europäer auf dem nordamerikanischen Kontinent verändern, um überhaupt überleben zu können. Doch dieser Wandel konnte unter dem Eroberungs- und Siedlungsdruck der Europäer nicht schnell genug vonstatten gehen. Eingeschleppte Krankheiten und die systematische Verdrängung führten schließlich zum Zusammenbruch der indianischen Kulturen, die ihre traditionelle Lebensweise nicht länger aufrechterhalten konnten. Erst die europäischen Eroberer schufen somit jene Indianer-Kulturen, die unser Bild der Indianer Nordamerikas bis heute prägen.

Die Indianer in der Populärkultur

Im deutschen Sprachraum gibt es seit dem 19. Jahrhundert eine besondere Begeisterung für die Indianer Nordamerikas. Zur Zeit des Wilden Westens gab es viele Amerikareisende aus Deutschland – darunter Maximilian Prinz zu Wied (1782–1867), den Schweizer Maler Johann Carl Bodmer (1809–1893) oder auch Gottfried Duden. Sie alle berichteten in Wort oder Bild von der atemberaubend schönen Natur des Westens und seinen Einwohnern, den Indianern. Hinzu kamen die Briefe deutscher Auswanderer an die Daheimgebliebenen, in denen die deutschen Siedler teils befremdet, teils fasziniert von den Bewohnern ihrer neuen Heimat berichten. Das große Siedlungsunternehmen des Mainzer Adelsvereins in Texas

*Der Schweizer Maler Karl Bodmer (ganz rechts) und der deutsche
Maximilian Prinz zu Wied (links daneben) reisen von 1832 bis 1834
durch den amerikanischen Westen und fertigen Gemälde und Berichte
ihrer Reise an.*

brachte Deutsche in direkten Kontakt mit den Komantschen.
Der Friedensvertrag zwischen beiden Gruppen ist der einzige
Vertrag zwischen Indianern und Weißen, der nie gebrochen
wurde.

Die Begeisterung für die Indianer wurde genährt, als seit
den späten 1820er Jahren die „Lederstrumpf"-Romane von James
Fenimore Cooper (1789–1851) erschienen und bald ins Deutsche übersetzt wurden. Ihr riesiger Erfolg zog weitere Romane
und Erzählungen nach sich, deren Handlung ebenfalls in Nordamerika angesiedelt war und die sich auch mit den In-dianern
beschäftigten. Hier sind vor allem der Österreicher Karl Anton
Postl, bekannt geworden als Charles Sealsfield (1793–1864),
Friedrich Gerstäcker (1816–1872) und vor allen Karl May
(1842–1912) zu nennen, die im 19. Jahrhundert unzählige

Werke herausbrachten, durch die das deutsche Lesepublikum den Wilden Westen Nordamerikas und seine Bewohner, die Indianer, näher kennen lernte – mehr oder weniger wirklichkeitsnah. Karl May trieb die Selbstvermarktung dabei auf die Spitze. Er präsentierte dem interessierten Publikum und Pressevertretern auf seinen Vorträgen Waffen und Schmuck der Indianer Nordamerikas, um zu „beweisen", dass er wirklich dort gewesen war.

Maximilian Prinz zu Wied brachte Kostüme, Waffen, Kleidung und Alltagsgegenstände von seiner Amerika-Reise mit, so dass Interessierte in Deutschland Berührung mit dem Alltag der Indianer bekommen konnten. Heute befinden sich große Teile dieser Sammlung im Stuttgarter Lindenmuseum. Carl Bodmer, der den Prinzen auf seiner Reise begleitete, fertigte unterwegs zahlreiche Zeichnungen und Gemälde an, die weltbekannt sind und Einblick in das Leben und den Alltag der Prärie-Indianer liefern. Um 1900 sorgten sogenannte Völkerschauen für Begeisterung, für die auch Indianergruppen durch Deutschland reisten. Auch in „Buffalo Bill's Wild West Show", die zweimal durch Europa tourte und in beinahe jeder größeren deutschen Stadt gastierte, wirkten Indianer mit. Allerdings nahm Buffalo Bill vielfach jene Klischees vorweg, die später von der Filmindustrie transportiert wurden – sozusagen ein Frühform des Westerns.

Von den Büchern, Ausstellungen und Shows über den Wilden Westen begeistert, träumten Jugendliche und Erwachsene von den Indianern und ihrem Leben. Für viele war der edle Winnetou aus Karl Mays Feder der beste und tapferste Freund, den sie sich vorstellen konnten.

Vor allem in den Filmen war das Bild der Indianer ambivalent. Wild, furchtlos und häufig blutrünstig, bedrohten sie das Leben der braven Siedler, die ihnen friedliebend und aufrecht gegenüberstanden. Im direkten Kontakt mit den Siedlern benahmen sich die Indianer fremdartig und teilweise unverständlich, sannen auf Rache und waren stets Handlager der bösen, zumeist weißen Intriganten. In unzähligen Western mutierten die Indianer zudem zu Schießbudenfiguren für die weißen Helden. Um Spannung zu erzeugen, mussten Schauspieler als In-dianer verkleidet und mit roter Farbe geschminkt meist völlig unmotiviert Postkutschen überfallen, die Forts der US-Armee belagern und unschuldige Töchter von armen Farmern entführen, um so dem Westernhelden Anlass für spannende Abenteuer, rasante Verfolgungsjagden und aufregende Kampfszenen zu geben. Am Ende siegte der Westernheld über die barbarischen Indianer. Solche Indianer werden häufig als grausam beschrieben. Sie quälen ihre Gefangenen am Marterpfahl und skalpieren ihre getöteten Feinde. Den Skalp behalten sie als Siegestrophäe. Hier werden Indianer nicht als zivilisierte Menschen beschrieben, sondern als wilde Barbaren. Sie schleichen lautlos wie Raubkatzen durch die Prärie, verständigen sich durch das Imitieren von Tierlauten und tragen Federschmuck. Zudem glauben sie an die heidnischen Kräfte eines Schamanen.

Doch das ist nur das eine Bild. Viele Leser und Filmbegeisterte mögen von ganz anderen Indianern geträumt haben, von „edlen Wilden". Naturverbunden und friedfertig versuchen solche Figuren Konflikte zwischen Weißen und Indianern zu schlichten. Häufig werden diese hehren Absichten von eigensüchtigen Landspekulanten hintergangen. Bei der Aufklärung wird der „edle Wilde" häufig von einem ebenso gutmeinenden weißen Westernhelden unterstützt, der die Brücke zwischen Wildnis und Zivilisation schlägt und zwischen US-Armee und einzelnen Indianerstämmen vermittelt. Er ist es auch, der dem Leser die Indianer gewissermaßen näherbringt.

Vor allem das Leben in Einklang mit der Natur sowie der Wille, für Frieden und Gerechtigkeit einzutreten, waren jahrzehntelang ein äußerst starkes Identifikationsmerkmal der Indianer. Dieses positive Bild des „edlen Wilden" stellt ihn nicht nur gegen den „barbarischen Indianer", sondern auch gegen den zivilisationskranken Weißen. In der Populärkultur werden diese Indianer stets als schön, edel und exotisch beschrieben. Sie lebten ohne Zivilisation und absolut frei in der Natur, waren unverdorben und konnten über sich selbst bestimmen. Auch damit standen sie in krassem Gegensatz zu den Europäern, denn diese Indianer mussten sich keiner Autorität beugen, keinem Fürsten dienen und blieben ganz und gar Naturmensch.

Beide Darstellungen der Indianer sind Stereotype, welche die Populärkultur des 20. Jahrhunderts hervorgebracht hat, leben von Klischees und Vorurteilen gegenüber den Indianern und sind fern der Realität. Die Wurzeln für diese Stereotype liegen bereits im 19. Jahrhundert, als viele amerikanische und europäische Siedler in den Westen des nordamerikanischen Kontinents zogen, um sich dort anzusiedeln. Unter ihnen waren Journalisten und Reiseschriftsteller, die von ihren Abenteuern mit den fremdartigen Indianern berichteten, aber auch einfache Siedler berichteten in Briefe nachhause von ihren ersten Begegnungen mit einem „echten" Indianer. Nicht selten waren diese Darstellungen stark übertrieben und dienten vor allem dazu, die Zurückgebliebenen zu beeindrucken. Ablehnung ging dabei oft mit Faszination einher.

Von besonderer Bedeutung für das Indianerbild vieler Europäer waren die zahlreichen Hollywood-Western. Es gab sie praktisch vom Beginn der Filmgeschichte an. In der Stummfilmzeit schlüpften dabei meist weiße Schauspieler in Indianerkostüme und wurden theatralisch geschminkt. Diese Filme erzählten zumeist Geschichten aus der Perspektive der Weißen, so dass die Indianer nur als Handlanger des Bösen einen Platz auf der Leinwand fanden. Mit der Einführung des Tonfilms 1927 änderte sich das nicht, im Gegenteil: Weitere Klischees und Verhaltensstereotype wurden hinzugefügt. Es entstand das Bild des wortkargen Indianers, der dafür übertrieben gestikuliert. Zudem erfanden einige Filmemacher den „Hollywood Indian Dialect", in dem sie die Dialoge der Schauspieler während des Drehs aufnahmen und später rückwärts abspulten. Auch das Trommelsignal als Angriffszeichen, das nachgemachte Heulen eines Coyoten zur Verständigung und das typische Gejohle der Indianer beim Angriff wurden in Hollywoods Traumfabrik entwickelt. Bis in die 1960er Jahre war der Indianerwestern – Filme mit einer Handlung aus indianischer Perspektive – eine absolute Seltenheit. Mit der aufkommenden Bürgerrechtsbewegung produzierten die US-Filmstudios vermehrt Filme, die das Schicksal und den Untergang der indianischen Kultur thematisierten, während zuvor meist die Besiedlung des Kontinents als Erfolgsgeschichte der Amerikaner dargestellt worden war.

Besonders erwähnenswert in diesem Zusammenhang sind die Indianerfilme der DEFA, welche die Besiedlung des Westens durch die amerikanischen und europäischen Siedler als Landraub darstellen. Das ging mit der allgemeinen öffentlichen Sensibilisierung für die Belange und Rechte der *Native Americans* in Kultur und Politik einher. Die DEFA-Indianerfilme mögen zwar aus der Perspektive der Indianer erzählt sein, dennoch waren und sind sie auch politische Filme, da sie von der DDR-Regierung in Auftrag gegeben wurden, um den Klassenfeind, die Vereinigten Staaten, als kapitalistischen Landräuber zu denunzieren. Insofern wurden die Indianer für den Klassenkampf instrumentalisiert.

Seit den 1980er Jahren arbeiten Forschung, Politik und Unterhaltungsindustrie an einem neuen, wirklichkeitsnahen Indianer-Bild. Wissenschaftliche Studien, Konferenzen, Ausstellungen, Bildbände, Dokumentarfilme und TV-Serien versuchen die

Die fiktiven Figuren Winnetou und Old Shatterhand wurden durch die Bücher Karl Mays weit über den deutschen Sprachraum hinaus zu berühmten und beliebten „Westernhelden".

historische Wirklichkeit hinter dem Mythos herauszuarbeiten und die Lebensweise der Indianer authentisch darzustellen. Damit entstand ein differenzierteres und vielschichtigeres Bild der Indianer Nordamerikas und ihrer Kultur.

Der Blick auf die Indianer Nordamerikas ist mittlerweile oft positiv verklärt, und es besteht die Gefahr, dass alte Vorurteile durch neue Klischees ersetzt werden. Es ist aufgrund der Vielgestaltigkeit der indianischen Kulturen weiterhin schwer, ein differenziertes Bild zu zeichnen. Latentes Mitleid mit den Indianern angesichts ihrer tragischen Geschichte erschwert dieses Vorhaben zusätzlich.

Winnetou im deutschen Sprachraum

Der fiktive Gestalt des Winnetou, die Karl May in den 1870er Jahren schuf, genießt im deutschsprachigen Raum sowie in vielen anderen europäischen Ländern – wenn auch in geringerem Maße – hohes Ansehen. Die Wochenzeitung „Die Zeit" brachte es einmal auf den Punkt: „Obwohl es Winnetou niemals gab, wirkt die Persönlichkeit von Karl Mays Romanfigur noch heute auf uns. Obwohl Geronimo seine reale Lebensgeschichte erzählte, hat er eigentlich keine Wirkung auf uns. Geronimo ist Realität. Winnetou ist Wirklichkeit."

Das trifft den Nagel auf den Kopf. Mit und durch Winnetou kam vielen der Wilden Westen Amerikas im Allgemeinen und das Schicksal der nordamerikanischen Indianer im Besonderen nahe. Er war und ist die Brücke zu den Indianern, die zwar erfunden ist und nichts mit der historischen Realität zu tun hat, aber seinen Anhängern hilft, sich einer fremden Kultur zumindest anzunähern. Durch seinen Einfluss gab es Jahrzehnte lang kaum jemanden im deutschsprachigen Raum, der nicht als Kind gerne Indianer gespielt hätte. Doch auch bei Karl May ist das Indianerbild wie überall in der Populärkultur doppelgesichtig. Winnetou verkörpert dabei den guten, den „edlen Wilden", während diejenigen Indianer, die sich ihm und seinem Pazifismus entgegenstellen, als „grausame Barbaren" dargestellt werden. Pierre Brice lieh in den Karl-May-Filmen Winnetou sein Gesicht und gab ihm somit ein Erscheinungsbild für die Ewigkeit, an dem sich alle anderen Darsteller bis heute orientieren. Er nutzte die Popularität der Figur, und entwarf Anfang der 1980er Jahre die französisch-deutsche Koproduktion „Mein Freund Winnetou". In dieser zwölfteiligen Serie, die nicht auf Motiven oder Büchern von Karl May beruht, weist er filmisch auf das Schicksal der Indianer hin. Er nutzt hier bewusst die

Karl May ließ mehrere Fotographien von sich anfertigen, auf denen er in seiner Verkleidung als Old Shatterhand oder Kara Ben Nemsi zu sehen ist. Diese Bilder sollten die Authentizität seiner Romane unterstreichen.

Figur Winnetous als Brücke und Tor zur historischen Realität des 19. Jahrhunderts.

Karl Mays Romane haben sich bis heute insgesamt mehr als zweihundert Millionen Mal verkauft. Seine Bücher faszinierten mehrere Generationen – am populärsten waren die Erzählungen aus dem Wilden Westen. Jahrzehntelang las die Jugend in Deutschland Karl May. Dass Winnetou indessen weit über die Bücher Karl Mays und die Filme aus den 1960er Jahren hinaus beliebt ist, beweißt die Tatsache, dass jedes Jahr Hunderttausende zu den Karl-May-Spielen in Bad Segeberg, Elspe, Radebeul und anderswo pilgern. Dort erleben sie jedes Jahr aufs Neue, wie Winnetou selbstlos und tapfer Gerechtigkeit walten lässt und das Böse besiegt.

Dabei stellt sich die Frage, warum Winnetou ein „typisch deutsches Phänomen" ist? Kaiser Wilhelm II., Franz Kafka, Fritz Lang und Hermann Hesse liebten Karl Mays Reiseromane – sie stehen damit für viele in Deutschland. Einer der Schlüssel Karl Mays ist sicherlich, dass er durch Winnetou die Indianer, ihre Geschichte, ihre Kultur und ihr Schicksal erklärt. Mays Geschichten führen den Leser in die fremde Welt der Indianer. Nicht zuletzt faszinierten diese Darstellungen eine große Leserschaft, weil Karl May die Faszination vieler Deutscher seiner Zeit durch Exotik bediente. Dazu kommt, dass er seine Leser gleichsam bei der Hand nimmt, in dem er – häufig als Ich-Erzähler – die Geschichten durch einen deutschen Reisenden erzählen lässt. Old Shatterhand ist niemand anderes als Karl May selbst. Durch ihn lernt der Leser Winnetou kennen und schätzen, worauf der Apatschen-Häuptling den Leser weiter in die Welt des Wilden Westens führt. Dabei bleibt Winnetou stets geheimnisvoll, er ist freundlich, aber unnahbar, so dass beim Leser die Neugier nach der Fremde und dem Fremden unbewusst noch angestachelt wird.

Darüber hinaus lässt Karl May seine Erzählungen in einem „multikulturellen" Umfeld stattfinden, von dem viele Menschen noch in der Gegenwart träumen. Die deutsch-amerikanischen Trapper und die Apatschen schließen Frieden und leben fortan in brüderlichem Einklang, respektieren die jeweils andere Kultur und versuchen dieses Modell auf andere Stämme, Trapper und Siedler zu übertragen. Zwar bedienen die Weißen in Karl Mays Werk häufig nationale Stereotypen, doch zugleich überwinden sie ihre Herkunft und leben im Westen zusammen. Dabei ist Winnetou allen Beteiligten stets moralisches Vorbild. Er ist mutig, anständig, moralisch integer, loyal, treu und selbstlos. Die Liste seiner Tugenden ist so lang, dass ihn mancher Kritiker literarisch als langweilig empfand. Dabei ist Winnetou eher als Allegorie zu verstehen denn als reale Persönlichkeit oder fiktiver Charakter, der sich entwickelt und von Konflikten getrieben wird. Zu Winnetou schauen alle auf, er lebt das „multikulturelle" Miteinander vor. Die literaturwissenschaftliche Analyse, die sich in den letzten Jahren verstärkt mit Karl May und Winnetou beschäftigt hat, betrachtet die Romanfigur als Idealbild eines Indianers wie auch als Vorbild für einen respektvollen Umgang miteinander. Winnetou trägt dabei starke aufklärerische Merkmale und handelt im Sinne der „Menschlichkeit". In Mays Werk vollzieht er die Wandlung vom Edlen Wilden hin zum gläubigen Christen, indem er sich kurz vor seinem Tod zum Christentum bekennt. Wie selbstverständlich vertritt er sein Leben lang hohe moralische Werte. Dabei hat Winnetou stets ein aufgeklärtes Weltbild und handelt nach seiner Ratio wie nach seiner Moral.

TEIL II
GESCHICHTE DER INDIANER
NORDAMERIKAS

Paläo-Indianer und die archaische Periode

Es gibt einige Erklärungsmodelle, woher die Indianer ursprünglich kamen und wie der amerikanische Doppelkontinent besiedelt wurde. Welcher Theorie auch immer man folgt, zumindest eines haben alle gemeinsam: die Annahme, dass die Indianer nach Nordamerika gekommen sind und nicht schon immer dort gelebt haben. Es gibt Theorien, dass die Urbevölkerung des nordamerikanischen Kontinents aus Asien mit Booten über den Pazifik kam, dass die Indianer Nachkommen von Überlebenden des sagenumwobenen Atlantis sind, die sich nach Amerika retten konnten, oder dass die Indianer – laut dem Buch Mormon – zwei verlorene Stämme Israels sind. Die Wissenschaft ist sich indessen einig, dass die Besiedlung Amerikas durch zwei unterschiedliche Wanderungen aus Sibirien über eine Landbrücke zwischen Asien und Alaska stattfand.

Gemessen an der gesamten Erdgeschichte ist die Besiedlung Amerikas erst vor kurzem geschehen. Zwei Millionen Jahre entwickelte sich der Mensch in der Alten Welt, bevor er den amerikanischen Kontinent besiedelte. Bis zu diesem Zeitpunkt war Amerika menschenleer. Die ersten Menschen, die den amerikanischen Doppelkontinent betreten haben, waren die Vorfahren der heutigen Indianer. Dabei ist ungeklärt, wie die Indianer dorthin gelangten, und ebenso, woher sie kamen. Man geht davon aus, dass die Vorfahren der Indianer aus Sibirien kamen und über eine Landverbindung zwischen Asien und Alaska nach Amerika gelangten. Diese Landverbindung wird Be-ringia genannt und liegt heute im Meer nördlich der Aleuten – der Seeweg heißt Beringstraße. Die Landverbindung Beringia war während der Eiszeit entstanden, als der Meeresspiegel sank. Nachdem die Eisdecke gewichen war, bestand so für eine Zeit eine Landbrücke zwischen den Kontinenten. Wahrscheinlich zogen die Vorfahren der Indianer in Sibirien ihren Herden in Richtung Osten hinterher, da das Nahrungsangebot im kalten Norden immer knapper wurde. Vor allem die Mammuts waren wichtige Nahrungslieferanten der „Vorindianer". Sie folgten den Tieren immer weiter in den Osten des asiatischen Kontinents und von dort nach Nordamerika.

Dem neuesten Stand der Forschung zufolge kamen die Ureinwohner wahrscheinlich in zwei voneinander unabhängigen Wellen. Demzufolge gibt es keine eigentliche „Urbevölkerung", sondern mehrere Gruppen. Die ersten Gruppen siedelten in Alaska, wie einige Fundstellen belegen, die etwa 12 000 Jahre alt sind. Danach erfolgte die Besiedlung von Gebieten der heutigen US-Bundesstaaten Washington, Oregon und Idaho. Erst dann wurde in einer Zwischeneiszeit der Weg in den Süden frei, wie Wissenschaftler vermuten. Wann und wie die Besiedlung stattgefunden hat, darüber gibt es unterschiedliche Auffassungen. Viele Forscher gehen davon aus, dass diese Wanderung vor 15 000 bis 20 000 Jahren stattgefunden hat. Archäologen versuchen dem Ursprung der indianischen Kulturen mit Ausgrabungen näher zu kommen.

In Alaska und am Yukon gibt es Funde einer frühen Kultur, die jedoch nicht älter als 15 000 Jahre sind. Davon ausgehend vermuten Wissenschaftler, dass die weitere Besiedlung des Kontinents vor rund 11 000 Jahren stattgefunden haben muss, sobald eine Art eisfreier Korridor durch die heutigen Rocky Mountains begehbar war. Danach verteilten sich die eingewanderten Menschen über den Kontinent und passten sich den jeweiligen klimatischen und natürlichen Gegebenheiten an. Einige blieben Jäger und Sammler, andere begannen Felder zu kultivieren. Mit der allmählichen Differenzierung indianischen Lebens nahm die Vielfalt der indianischen Kulturen zu. Archäologische Ausgrabungen nahe der Stadt Clovis in New Mexico datieren dortige Siedlungen auf etwa 11 000 Jahre Alter. Diese indianische Kultur wird nach der Fundstelle als Clovis-Kultur bezeichnet.

Von der beschriebenen Zeit der Einwanderung bis 8000 v. Chr. spricht man von Paläo-Indianern. Darauf folgt die archaische Periode, in der sich die Entwicklung stark auf die regionale Eigenheiten von Klima, Fauna und Flora bezieht – die unterschiedlichen Indianerkulturen entstanden. Im Osten von Nordamerika folgt dann die sogenannte Woodland-Periode, die von 1000 v. Chr. bis zum ersten Kontakt mit den Europäern reicht. Durch die Veränderung des Klimas wurde der Ackerbau in immer größeren Teilen Nordamerikas möglich. Daher veränderten viele Indianerstämme ihre Lebensgewohnheiten, indem sie zum Ackerbau übergingen und sesshaft wurden. Im Südosten der USA finden sich noch heute zahlreiche prähistorische Grabhügel, die auf diese Kulturen zurückgehen.

Im Westen und Südwesten Nordamerikas ist seit der archaischen Zeit keine Abgrenzung von Epochen mehr möglich. Die einzelnen Kulturen vermischten sich, gingen zu unterschiedlichen Zeiten ineinander auf oder lösten einander ab.

Frühe Indianerkulturen

Die Clovis-Kultur

Die älteste bekannte und bedeutende Indianerkultur in Nordamerika ist die Clovis-Kultur, die nach einer Fundstätte in New Mexico benannt ist. Diese Kultur hatte ihre Hochphase von etwa 11 600 bis 10 700 v. Chr. und gilt als die älteste Hochkultur Amerikas. An dem Fundort in New Mexico wurden 1937 erstmals Relikte der Clovis entdeckt. Die bedeutendsten Funde sind beidseitig bearbeitete Steinwerkzeuge und geschärfte Speerspitzen, die geriffelt und eingekerbt waren, um beim Aufprall sofort abzubrechen. Diese Waffentechnik ist typisch für die Clovis, die Großwildjäger und Sammler waren.

Die Menschen, die wir heute zur Clovis-Kultur rechnen, verbreiteten sich hauptsächlich in der westlichen Hälfte des nordamerikanischen Kontinents und besiedelten damit ein Gebiet, das von einer reichen Tierwelt mit großen Säugetieren bewohnt war. Diese waren eine ideale Nahrungsquelle. Bedingt durch den Klimawandel, aber auch durch den enormen Jagddruck der Clovis wurden die meisten großen Säugetiere ausgerottet. Viele waren ohnehin vom Aussterben bedroht, lediglich das Verschwinden des Mammuts in Nordamerika könnte durch die Großwildjagd der Clovis verursacht worden sein. Allein der Bison blieb übrig.

In vielen Teilen Nordamerikas finden sich zufällig bei Bodenarbeiten oder bei geplanten Ausgrabungen Relikte der Clovis-Kultur. Ein Rancher entdeckte in der Nähe von Fairfield, Idaho im Jahr 1961 Clovis-Spitzen im Boden. Diese Stätte wurde als Simon-Clovis-Waffenlage bekannt.

Diese typischen Waffen der Clvis-Kultur fanden sich auch in Montana, Colorado, Wyoming, Utah und am Columbia-River.

Es ist zu vermuten, dass die einzelnen Clovis-Gruppen, die weit über den Kontinent verteilt lebten, bereits Handelsbeziehungen und anderweitigen Kontakt zueinander hatten. So ist auch zu erklären, dass die Waffen und Werkzeuge, die überall bei Ausgrabungen gefunden werden, ähnlich verarbeitet sind und aus denselben Materialien bestehen.

Gemeinhin gilt die Clovis-Kultur als die erste menschliche Kultur in Amerika. Allerdings haben in den letzten Jahren mehrere archäologische Funde den Status der Clovis als erste Kultur auf dem Boden Amerikas in Frage gestellt. In Chile ergaben Ausgrabungen, dass es auch dort zur Zeit der Clovis bereits eine Kultur gab, die von ihr unabhängig sein muss.

Die Anasazi

„Anasazi" ist eine Fremdbezeichnung, die durch die Navajo geprägt wurde. Sie bedeutet „Vorfahren eines anderen Volkes". Die Bezeichnung entstand, als die Navajo im 16. Jahrhundert in den Südwesten der heutigen USA kamen und dort die verlassenen Monumente und Ruinenstädte einer alten, ausgestorbenen Indianerkultur vorfanden. Wohlwissend, dass dies nicht die Vorfahren der Navajo waren, und in Ehrfurcht vor den verlassenen Bauten gaben sie dieser alten Kultur den Namen „Anasazi". Archäologen übernahmen diese Bezeichnung und führten sie damit ein.

Die Anasazi waren über weite Teile des westlichen Nordamerikas verteilt. So finden sich Überreste der Anasazi in den
heutigen US-Bundesstaaten Arizona, Utah, Nevada, Colorado
und New Mexico. Die (Unter-)Kulturen sind nach denjenigen
Gebieten benannt, in denen sie lebten. Die Anasazi bewohnten Pueblos und gehörten somit zu jenen Indianern, welche
die Spanier unter dem Sammelbegriff Pueblo-Indianer zu-
sammenfassten. Die Anasazi waren ursprünglich Korbflech-
ter, Pflanzensammler und Halbnomaden. Ab etwa 700 n. Chr.
blühte ihre Kultur auf und erreichte zwischen 1000 und 1300
ihren Höhepunkt.

Die Anasazi lebten in einer extremen Landschaft mit
extremen klimatischen Verhältnissen. Auf den Hochebenen
von über 2500 Meter Höhe herrschten Schnee und Kälte. In
den Ebenen lebten sie in einer bizarren wüstenartigen
Landschaft mit tiefen Schluchten und Canyons, großer Trockenheit und Wasserarmut. Vielerorts bauten sie daher ihre
Pueblos in schützende Felsvorsprünge, wie sie im heutigen
US-Nationalpark Mesa Verde zu besichtigen sind.

Der Grund für den Niedergang der Anasazi-Kultur ist bis
heute unbekannt. Möglicherweise haben ein Klimawechsel
und veränderte Umweltbedingungen zu sozialen Spannungen geführt. Die Anasazi verließen daraufhin ihre Pueblos
und gründeten andernorts neue Siedlungen, die heute verlassen sind.

Die Mississippi-Kultur

Ab 700 entwickelte sich am mittleren Mississippi eine neue
Kultur, deren Zentrum Cahokia nahe dem heutigen St. Louis

lag. Diese Kultur ähnelte sehr den frühen Kulturen Zentral-
mexikos. Die Mississippi-Kultur erstreckte sich entlang dem
namengebenden Fluss und seinen Nebenflüssen im Gebiet
der heutigen US-Bundesstaaten Illinois bis Alabama. Es gab
zahlreiche Dörfer, in denen Ackerbauern lebten, ein Han-
delsnetzwerk, das bis ins heutige Kanada sowie an den Golf
von Mexiko reichte, sowie mehrere Städte, die von Palisaden geschützt waren.

Die größten Städte waren Alabama und Moundville mit
etwa 4000 sowie Cahokia mit über 10 000 Bewohnern. Die
Pyramidenanlagen, von denen sich in Cahokia Hunderte
finden, weisen starke Parallelen zu den Bauten der Pyrami-
denstadt Teotihuacán auf. Die Pyramiden von Cahokia
waren oben abgeflacht und boten so Platz für die Häuser
der Herrschenden, Tempel und Zeremonien. In der Stadt
konzentrierte sich eine enorme Wirtschaftskraft, die darauf
gründete, dass Cahokia das Monopol für Salz und Feuer-
stein besaß. Mit dieser entwickelte sich auch ein komplexes
Herrschaftssystem, bei dem eine kleine Elite über die Mehrheit der verhältnismäßig armen Bevölkerung herrschte.

Der Niedergang der Mississippi-Kultur wird von Archäologen auf die Mitte des 15. Jahrhunderts datiert. Klimaverän-
derungen brachten Dürren, Hungersnöte und Überschwem-
mungen mit sich. Hinzu kam eine Überbevölkerung in den
Städten, die zu Ressourcenknappheit führte und Spannungen zwischen den einzelnen Städten sowie zwischen den
Herrschenden und dem Volk hervorrief. Für solche Streitigkeiten sprechen auch die Palisaden und Wehranlagen der
Städte.

Die Kulturareale der nordamerikanischen Indianer

Die Bewohner Nordamerikas unterschieden sich traditionell stark voneinander. Einige Stämme waren Jäger und Sammler, andere sesshafte Ackerbauern, wieder andere lebten als halbnomadische Büffeljäger oder vom Fischfang. Manche lebten ausschließlich in kleinen Gruppen, andere gehörten komplex organisierten Gemeinschaften mit bis zu 200 000 Menschen an.

Über die gesamte westliche Hemisphäre erstreckte sich ein weit verzweigtes und teilweise feinmaschiges Handelsnetz, das nur von natürlichen Barrieren wie Wüsten, Urwäldern und den Rocky Mountains unterbrochen war. Es entwickelten sich die vom amerikanischen Anthropologen Clark David Wissler benannten zehn Kulturareale, die sich durch extrem unterschiedliche natürliche Gegebenheiten auszeichnen, die den Bewohnern jeweils eine bestimmte Anpassung abforderten. Dieses Konzept beruht auf der Beobachtung, dass in einem bestimmten Gebiet herrschende Umweltbedingungen homogene Kulturen hervorbringen. Diese müssen nicht notwendigerweise miteinander verwandt sein oder die gleiche Sprache sprechen.

Das an das Nordpolarmeer angrenzende Kulturareal, die Arktis, gilt dabei nicht als indianisch. Nach Süden folgt die *Subarktis*. Dieses nördlichste indianische Kulturareal umfasst den größten Teil Kanadas und Teile Alaskas bis hin zum Sankt-Lorenz-Strom an der Atlantikküste und ist größtenteils von Nadelwald bedeckt. Hier finden sich viele der frühen Spuren indianischer Besiedlung. Die westlichen Indianer gehören der athabaskischen Sprachgruppe an, die östlichen der Algonkin-Sprachfamilie. Sie lebten überwiegend von der Jagd auf Elche, Hirsche und Büffel, betrieben Fischfang und sammelten die

Früchte des Waldes. Ihre Siedlungen aus Stangenzelten errichteten sie an Seen und Flüssen, um diese in Kanus als Wasserstraßen zu nutzen. Ihre Behausungen waren entweder mobile Stangenzelte oder Wigwams, was ihnen das nomadische Leben erleichterte.

An der Ostküste schloss sich der Subarktis südlich des Sankt-Lorenz-Stroms das *Nordöstliche Waldland* an, das im Süden an den heutigen US-Bundesstaat North Carolina und im Westen an Tennessee grenzt. In diesem Kulturareal lebten beispielsweise die Pequot, Narraganset, Irokesen und Chippewa. Das nordöstliche Waldland ist von Laub- und Mischwäldern geprägt. Der Boden machte es möglich, Ackerbau zu betreiben, weshalb die meisten Indianer dieser Region sesshaft waren und Mais, Bohnen, Kürbis und andere Gemüse anbauten. Einige Stämme im Nordwesten wie die Chippewa betrieben die systematische Ernte von Wildreis. Die Dörfer waren meist von Palisadenzäunen umgeben und schlossen die für diese Region typischen Langhäuser ein. In einem Dorf konnten bis zu zweihundert Personen leben.

Das *Südöstliche Waldland* erstreckt sich im Süden bis zu den Everglades. Im Westen reicht es bis Texas. Die Indianer, die dort lebten, waren größtenteils sesshaft, betrieben Landwirtschaft und gingen auf die Jagd. In der warmen Jahreszeit bezogen sie leichtere Sommerhäuser, während sie im Winter in festen Rundhäusern lebten. In diesem Gebiet lebten die sogenannten „Fünf zivilisierten Stämme", die als besonders an die amerikanische Lebensweise angepasste Indianer bezeichnet werden können. Sowohl gesellschaftlich als auch politisch passten sie sich nach dem Erstkontakt mit den englischen Siedlern den europäischen Kolonisten stark an.

Im Westen schließen sich an die Waldgebiete die *Great Plains*, die endlosen Prärien, an. Dieses flächenmäßig größte

Kulturareal war vor der Ankunft der Weißen zugleich am dünnsten besiedelt, da es verhältnismäßig unfruchtbar war. Die Prärien erstrecken sich als scheinbar endlose Graslandschaft von Kanada bis an den Golf von Mexiko und vom Mississippi bis zu den Rocky Mountains. Erst durch das von den Spaniern nach Nordamerika eingeführte Pferd entwickelten sich hier die indianischen Reitervölker, die von der Büffeljagd lebten. Es entwickelten sich halbnomadische Jägerkulturen, die in Tipis lebten und über die Prärie zogen. Die meisten Gruppen, die das Gebiet bewohnten – etwa die Cheyenne, Mandan, Blackfeet, Crow, Sioux, Pawnee, Komantschen oder die Kiowa – kamen erst spät durch die Verdrängung seitens der Kolonisten oder anderer Indianer, die ihrerseits den Kolonisten weichen mussten, hierher.

Westlich der Prärien erstrecken sich die Rocky Mountains. Sie bilden die Ostgrenze von drei weiteren Kulturarealen: dem Plateau im Norden, dem sich weiter südlich das Große Becken und schließlich der Südwesten anschließen. Im Westen sind diese drei Areale durch den Gebirgszug an der Küstengegend begrenzt. Das dünnbesiedelte *Plateau* hat im Süden ein ausgesprochen trockenes Klima mit wenig Niederschlag. Im Norden findet sich Nadelwald. Es wird durchzogen von Columbia, Snake und Fraser River, so dass viele dort lebende Stämme Fischfang betreiben, wobei Lachs das Hauptnahrungsmittel ist. Das Sammeln von Früchten und die Jagd auf Kleintiere spielen traditionell ebenfalls eine wichtige Rolle. Ähnlich wie auf den Prärien spielte das Aufkommen des Pferdes eine wichtige Rolle. Seit die Indianer des Plateaus das Pferd domestiziert haben, beteiligten sie sich stärker an der Büffeljagd. Der bekannteste Stamm der Plateau-Indianer sind die Nez Percé.

Südlich des Plateaus liegt das *Große Becken*. Hier lebten die Ute, Paiute und die Schoschonen. Im Großen Becken befinden

sich trockene Täler und bewaldete Berge ohne Zugang zum
Meer. Die Landschaft ist karg und wüstenartig. Es umfasst die
heutigen US-Bundesstaaten Nevada, Oregon, Idaho, Utah, Wyoming und einen Teil Kaliforniens. Das Sammeln von Pflanzen
und Früchten spielte eine wichtige Rolle, bis sich die Stämme
des Großen Beckens wegen der Trockenheit und infolge der
Pferdezucht änderten. Seit Mitte des 18. Jahrhunderts entwickelte sich dort ein Nomadentum.

Schließlich der *Südwesten*, der die heutigen US-Bundes-
staten Arizona, New Mexico und den Norden Mexikos umfasst.
Dieser Bereich ist eine extrem trockene Steppe. Erst durch die
Entwicklung von Bewässerungssystemen konnten die halbnomadischen Jäger und Sammler dieses Kulturareals Mais, Bohnen und Kürbis anbauen. Die in diesem Bereich lebende Pueblo-
Kultur, zu der die Hopi und die Zuñi zählen, beherbergt eine
ausgefeilte Töpferei. Diese Stämme lebten in stadtähnlichen
Siedlungen in Pueblos aus Adobe-Steinen. Generell lassen sich
die Indianer dieses Bereichs in zwei unterschiedliche Gruppen
unterteilen: die Pueblo-Indianer und die später aus dem Norden in diese Region gekommenen Stämme wie die Navajo oder
die Apatschen, die, verschanzt in den Bergen, Hogans oder
Wickiups bewohnten.

Diesen drei Kulturarealen schließen sich das Gebiet der
Nordwestküste und im Süden Kalifornien an. Das Kulturareal
der *Nordwestküste* reicht vom Süden Alaskas bis nach Oregon
und war sehr dicht von kleineren Stämmen wie den Tlingit,
Chinook und Haida besiedelt. Sie gehörten verschiedenen
Sprachfamilien an, was die Vielfalt der Indianer dieses Kulturareals zeigt. Durch die verkehrsgünstige Lage am Pazifik und
am Columbia River konnten die Indianer der Nordwestküste
ein weit verzweigtes Handelsnetz aufbauen. Grundlage ihrer

Ernährung war der Fischfang, wobei einige Stämme auch Wale jagten, was feste Boote und gute Navigation voraussetzte.

Im Süden schloss sich das verhältnismäßig kleine Kulturareal *Kalifornien* an, das ebenfalls dicht besiedelt war. Es umfasste den heutigen US-Bundesstaat sowie Teile von Utah und Nevada. In Kalifornien lebten viele kleine Stämme, die heute weniger bekannt sind. Zu ihnen zählen die Miwok und Pomo. Auch sie hatten ein weiträumiges Handelssystem, das auf der Muschel als Zahlungsmittel beruhte. Sie lebten von der Jagd auf Wild, Schafe und Vögel sowie vom Fischfang.

Erstkontakt mit den spanischen Konquistadoren

Im frühen 16. Jahrhundert hatten die Indianer zum ersten Mal Kontakt mit den Spaniern. Die Konquistadoren hatten zuvor Mexiko erobert und zogen nun auf der Suche nach Gold durch den Südwesten der heutigen Vereinigten Staaten. Sie hatten Gerüchte der sagenhaften „Sieben Städte von Cibola" gehört, die aus Häusern aus purem Gold bestehen sollten. Der neuspanische Vizekönig Antonio de Mendoza reagierte schnell und beauftragte Francisco Vázquez de Coronado, die Städte aus Gold zu finden. In den Jahren 1540 bis 1542 eroberte de Coronado fast den ganzen Südwesten der heutigen USA – auch eine Indianerstadt, die tatsächlich Cibola hieß. Einige Teilnehmer der Expedition sahen als erste Europäer den Grand Canyon, und Coronado stieß mit seinen Eroberern und Goldsuchern bis weit nach Kansas vor. Jedoch fanden die Spanier statt des erhofften Goldes lediglich einfache Behausungen von indianischen Bauern. Trotzdem begann die spani-

sche Besiedlung von „Neumexiko" nördlich des Vizekönigreichs Mexiko. Dieses umfasste weitaus mehr Land, als der
heutige US-Bundesstaat New Mexiko. Und vor allem lebten
dort unzählige Indianer.

Die Spanier gaben den Indianern, die sie in Nordamerika
trafen, den Namen „Pueblos", weil die Dörfer der Indianer sie
an ihre Heimat erinnerten – *pueblo* ist das spanische Wort für
Dorf. Unter dem Deckmantel der Christianisierung suchten die
spanischen Eroberer nach Gold und anderen Reichtümern. Die
Indianer wehrten sich gegen die Eindringlinge, die ihren Lebensraum mit ihren Schaf- und Rinderherden verwüsteten. Doch
Coronado unterwarf die Pueblo-Indianer, also die Stämme der
Zuñi, Hopi und Tiwa. Er nahm das Land für Spanien in Besitz
und verkündete, dass sich fortan alle Indianer dem christlichen
Glauben zuzuwenden hatten.

Nach den Konquistadoren kamen bald die Missionare. Sie
versuchten die Indianer zu christianisieren und erbauten überall Kirchen und Missionen. So entstanden die heutigen Städte
Santa Fe (1610) und El Paso (1659). Doch diese Missionen
waren nur scheinbar Ausdruck erfolgreicher Christianisierung,
denn in Wirklichkeit ließen sich die Indianer nicht bekehren.
Die meisten ließen zwar das Sakrament der Taufe über sich
ergehen und nahmen einige Elemente des Christentums an,
blieben jedoch weiterhin ihrer Naturreligion verbunden. Religion und Kult bestimmen noch heute den Alltag der Pueblo-
Indianer. Christliches ist mit der Vorstellung von allgegenwärtigen Naturgeistern verbunden, die alle Lebewesen mit der
heiligen Natur in Einklang bringen. Fast alle Tiere, Pflanzen
und auch Naturgewalten haben ihre Geister und Götter, zu
denen die Pueblos in Tänzen und Gesängen sprechen.

In einem Aufstand 1680 fügten die Pueblo-Indianer den Konquistadoren eine empfindliche Niederlage bei, welche die spani schen Eroberungen zunächst aufhielt. Dem Aufstand waren jahrzehntelange Bedrängnis und Verfolgung vorausgegangen. Die Spanier wüteten unter den Pueblo-Indianern, zwangen ihnen mit Gewalt die katholische Religion auf. Der Widerstand gegen die europäischen Eindringlinge griff auf alle Pueblo-Stämme über. Unter den Aufständischen befand sich der indianische Priester Popé, der sich der Christianisierung von Anfang an widersetzt hatte. Er begann zuerst im eigenen Pueblo, dem Pueblo Ohke, den Widerstand zu organisieren, rekrutierte bald aber auch Krieger aus den benachbarten Pueblos. Mit seinen charismatischen Reden fand er schnell Gleichgesinnte, die nicht länger unter der Herrschaft der Spanier leiden wollten. Hinzu kam, dass die Region unter einer Hitzewelle litt, welche die Felder und Ernten verdorren ließ. Das Wenige, was den Pueblos zum Leben blieb, wurde von den räuberischen Apatschen entwendet. Viele litten also nicht nur unter den Spaniern, sondern hatten sich auch anderer Bedrohungen zu erwehren. Popé schaffte, was noch keinem indianischen Führer zuvor gelungen war – er einte die Pueblo-Indianer.

Popé hatte die Erhebung auf den 13. August 1680 gelegt und Boten zu den Führern der anderen Pueblos gesandt. Doch unter seinen Verbündeten waren auch Verräter, die den spanischen Gouverneur Antonio de Otermin von dem geplanten Aufstand unterrichteten. Popé blieb nicht viel Zeit zum Handeln, und er zog den Aufstand auf den 10. August vor.

Trotz Vorwarnung traf der Aufstand die Spanier wie ein Schlag. 1680 lebten etwa 2800 Spanier in diesem Gebiet. Die meisten waren frustriert, weil ihr Traum vom schnellen Reichtum verflogen war. Die Pueblo-Indianer zerstörten Kirchen, verwüsteten Heiligenbilder und ermordeten Priester. Nach all der Gewalt, die sie durch die Spanier erfahren hatten, hielten sie Kirchen und Priester für Werkzeuge des Teufels. Der Ruf der katholischen Kirche war unter den Indianer so schlecht, dass Schamanen und Medizinmänner Rituale abhielten, welche die zur Taufe Gezwungenen von deren böser Beeinflussung befreien sollten. Auch über die spanischen Haziendas, groß angelegte Farmen, fielen sie her. Den überlebenden Spaniern blieb einzig die Flucht in die nächstgelegene Stadt Santa Fe. Drei Tage später quoll die Stadt von Flüchtlingen geradezu über. Die Indianer belagerten die Stadt und schafften es trotz weitaus geringerer Waffen, die Soldaten der Garnison zu bezwingen. Am 16. August schließlich stürmten sie Santa Fe und setzten die Stadt in Brand. Die Spanier flüchteten nach Süden in Richtung Mexiko – und die Pueblo-Indianer ließen sie ziehen.

Mit diesem militärischen Erfolg im Rücken schwang sich Popé zum Alleinherrscher und Diktator auf. Die Pueblo-Indianer hatten sich der spanischen Knechtschaft entledigt und litten nun unter einem der Ihren. Erst als er im Jahr 1688 starb, kehrten für kurze Zeit Ruhe und Frieden ein. Allerdings war das von Popé geeinte Pueblo-Reich nun geschwächt – und damit ein leichtes Opfer für die Spanier, die nach Neumexiko zurückkehrten. Popés Bündnisse zerfielen, und bis 1692 hatten die Spanier das Gebiet zurückerobert. Im allgemeinen blieben die Pueblos bei den Gebräuchen ihrer Vorfahren, konnten sich aber dem spanischen Einfluss nicht völlig entziehen. So sprechen die Pueblo-Indianer heute meist spanisch.

Eine folgenreiche Änderung des indianischen Lebens in Nordamerika bewirkten die Spanier: Sie brachten das Pferd nach Amerika. Von Mexiko aus verbreiteten sich die Pferde rasch nach Norden, und innerhalb kurzer Zeit begannen einige Indianerstämme die Pferde als Nutztiere, zur Fortbewegung sowie für Jagd und Krieg zu nutzen. Ganze Stämme richteten ihr Leben auf die Pferde aus, die vor allem dem Nomadentum neue Impulse gaben. Zogen die Indianer von einem Lager zum nächsten, verstauten sie ihr Hab und Gut auf sogenannten Travois, zwei Stangen, die zu einer Ladefläche verbunden waren und von Pferden gezogen werden konnten. Auch wurde der Besitz von Pferden zu einem sozialen und gesellschaftlichen Kriterium, an dem der Wohlstand abzulesen war. Häuptlingsfamilien hielten beispielsweise ganze Herden. Die Bedeutung der Pferde für die indianische Lebensweise lässt sich auch daran erkennen, dass Pferdediebstahl als äußerst verachtenswert galt und die Pferdezucht wertgeschätzt wurde. „Pferdedieb" wurde zu einem weit verbreiteten Schimpfwort im Wilden Westen.

Die Pueblo-Indianer

Die Hopi

Die Hopi gehören zu jenen, welche die Spanier als „Pueblo-Indianer" bezeichneten. Ihr traditioneller Lebensraum liegt im heutigen US-Bundesstaat Arizona. Aktuell gibt es etwa 18 000 Hopi, die noch immer in ihren typischen terrassenartigen Pueblos aus Stein und Adobe leben. Die meisten Hopi-Pueblos liegen auf hohen Mesas, wie die Tafelberge im Südwesten der USA und in Mexiko genannt werden, die bizarr auf dem Colorado-Plateau stehen.

Als die Hopi Mitte des 16. Jahrhunderts auf die ersten spanischen Eroberer trafen, lebten sie bereits seit Jahrhunderten in dem unwirtlichen Gebiet zwischen Wüste, Hochebenen und Canyons und hatten sich hervorragend auf die klimatischen Bedingungen eingelassen. Sie züchteten Mais, Bohnen und Melonen und handelten mit anderen Stämmen. Von besonderem Wert bei den Tauschgeschäften wa-

ren die von ihnen hergestellten gewebten Decken und Klei-
dungsstücke.

Die Hopi waren größtenteils friedliebend und pflegten
gute Kontakte zu ihren Nachbarn. Auch deshalb entwickelte
sich ein weit verzweigtes Handelsnetz. Lediglich die Navajo,
die sich selbst als Diné bezeichneten, betrachteten die Hopi
als ihre natürlichen Feinde. Auch aus den Auseinandersetzungen mit den Spaniern, die im Jahr 1680 zum Aufstand
der Pueblo-Indianer führten, hielten sich die Hopi heraus.
Zu abgelegen vom Geschehen lebten sie. Als Mitte des
19. Jahrhundert durch die Westexpansion der US-Amerika-
ner die Navajo in das Gebiet der Hopi gedrängt wurden, kam
es zwischen beiden Stämmen zum Streit um das Siedlungsgebiet. Die Streitigkeiten zogen sich bis ins Jahr 1974 hin und
wurde vom amerikanischen Kongress per Gesetz geschlich-
tet. In der Folge mussten 11 000 Navajo und einhundert Hopi
ihre Häuser verlassen und wurden umgesiedelt.

Die Religion der Hopi war untrennbar mit ihrem täg-
lichen Leben und der bizarren, aber schönen Natur ver-
knüpft, in der sie leben. Ihrem Glauben zufolge haben die
Hopi den Schutz von Mutter Erde zugetragen bekommen.
In ihren religiösen Zeremonien verbinden sie die Welt der
Geister mit ihrer natürlichen Umwelt. Eines der bekanntes-
ten religiösen Rituale der Hopi ist der Schlangentanz, bei
dem die Tänzer eine Schlange im Mund tragen.

Die einzelnen Stämme der Hopi wurden traditionell
patriarchalisch geführt, zugleich galt gerade in Erbfragen
eine matrilineare Regelung. So unterteilten sich die Hopi in
verschiedene matrilineare Klans, die wiederum aus bis zu
neun sozialen Einheiten bestanden. Dabei gab es auch die
Tradition, dass die Braut stets im Haus der Mutter blieb.

Allerdings haben sich diese Bräuche nicht bis heute erhalten.

Der Großteil der heute rund 18 000 Hopi lebt in der Reservation der Navajo am Rand der Painted Desert im Nordosten Arizonas. Allerdings wird die Reservation immer wieder durch Ansprüche großer Unternehmen bedroht, die auf dem Land der Hopi reiche Bodenschätze vermuten.

Die Zuñi

Auch die Zuñi zählen zu den Pueblo-Indianern. Sie leben im westlichen Landesteil des heutigen US-Bundesstaates New Mexico. Ihren Namen erhielten sie von den spanischen Konquistadoren in Anlehnung an Sunyi, wie sie von ihren Nachbarn genannt wurden. Selbst bezeichnen sie sich als Ashivi, was von dem Wort „Shivi" abgeleitet ist und in der Sprache der Zuñi Fleisch bedeutet. Interessanterweise ist die Sprache der Zuñi mit keiner anderen Sprache im Südwesten Nordamerikas verwandt.

Die Herkunft der Zuñi ist ungeklärt. Im 15. Jahrhundert lebten sie in jenem Gebiet, das die Spanier von Mexiko aus eroberten. Ihre sieben Pueblo-Städte waren jene sagenumwobenen Siedlungen, welche die Spanier auf ihrer Suche nach Gold zu den „Sieben Städten von Cibola" verklärten. Gierig eroberten sie die Pueblos, darunter das zentrale Pueblo Hawikuh. Dort errichteten Franziskaner 1629 eine Missionsstation. In der Folge kam es wiederholt zu Spannungen zwischen den Zuñi und den Spaniern, so dass sich die Indianern dem Pueblo-Aufstand von 1680 anschlossen.

Die Zuñi-Kultur setzt sich ähnlich den Hopi aus dreizehn matrilinearen Klans zusammen. Auch sind die Stammesführer traditionell männlich. Neben ihrer Tätigkeit als Farmer und Viehzüchter arbeiten die Zuñi hauptsächlich als Silberschmiede. Typisch für ihr Handwerk sind auch türkisfarbene Mosaikeinlagen. Die Frauen stellen hauptsächlich Körbe her und betätigen sich in der Töpferei.

Wie die meisten Indianer waren die Zuñi Ende des 19. Jahrhundert beinahe ausgestorben. Erst gegen Ende des 20. Jahrhunderts gewannen sie neues Selbstbewusstsein und erholen sich nun allmählich von den vernichtenden Indianerkriegen der Vergangenheit. Um das Jahr 2000 gab es etwas über 8000 Zuñi, mehr als die Hälfte von ihnen lebt in der etwa 1800 qkm großen *Zuñi Indian Reservation* im Nordosten New Mexicos.

Erstkontakte an der Atlantikküste

Die Spanier waren von Mexiko aus nach Norden vorgedrungen und auf Indianerstämme gestoßen, die in Regionen lebten, die heute zum Staatsgebiet der USA gehören. Bis ins 19. Jahrhundert hinein beherrschten die Spanier diese Gegenden und unterdrückten die dort lebenden Indianer. Doch die eigentliche Eroberung Nordamerikas unternahmen die englischen Kolonisten, die sich selbst zu unabhängigen Amerikanern erklärten, und durch Siedler aus anderen Ländern Europas wie Deutschland und Skandinavien. Deren Vordringen zerstörte die traditionelle Lebenswelt der Indianer. Mit dem Erstkontakt zwischen Indianern und Europäern an der Atlantikküste begann eine Geschichte der Verdrängung.

Einige Medizinmänner und Schamanen haben bereits vor Ankunft der Europäer Vorahnungen. Eine Chippewa erinnert sich an die Vorahnungen ihres Großvaters:

Vor langer Zeit lebte mein Volk in einer kleinen Spornsied-lung am Lake Superior. In einer Nacht hatte einer meiner Großväter, Schamane und Seher des Stammes, einen Traum, der ihn sehr beschäftigte. Vier Tage lang beschäftigte er sich mit aller Ernsthaftigkeit mit dem Traum. Er fastete, nahm jeden Tag ein Schwitzbad und schloss sich selbst in die Pro-phetenloge ein. Der Stamm wurde neugierig. Was würde passieren? Würde es eine große Hungersnot geben oder eine äußerst erfolgreiche Jagdsaison? Sollte es einen ernsthaften Krieg mit den Sioux geben?
Als der Schamane alles vorsichtig durchdacht und die ganze Geschichte in seinem Kopf geordnet hatte, rief er die ande-ren Schamanen sowie die Häuptlinge seines Volkes zusam-men und sagte: „Männer mit einem fremdartigen Äußeren sind über das große Wasser gekommen und sind auf unse-rem Kontinent gelandet. Ihre Haut ist weiß wie Schnee, und auf ihren Gesichtern wachsen Haare. Die Männer haben lange, schwarze Röhren, mit denen sie auf Tiere zielen. Aus diesen Röhren steigt Rauch in die Luft aus. Und von Ihnen kommt ein so schrecklich lautes Geräusch, dass ich Angst bekam – sogar in meinem Traum."

Trotz der Vorahnungen mancher Medizinmänner hatten die Indianer Nordamerikas nur vereinzelt von der Landung der Europäer erfahren. Ein Großteil lebte weiter, ohne von der Ankunft der Europäer Kenntnis zu haben. Die Landung der Europäer war für die westlichen Indianer lediglich dadurch zu spüren, dass vermehrt Stämme aus dem Osten ihr angestammtes Land verließen und in den Westen zogen. Hier gerieten sie dann in Konflikt mit den westlichen Indianern, da sie sich auf deren Land niederlassen wollten. Auf der Jagd durch die Wälder gelangten einige Krieger an die Küste. Dort fanden sie nicht wie gewohnt einsamen Strand und ruhige Wellen vor. Vor der Küste lag ein größeres Schiff, als sie jemals gesehen hatten. Es hatte Segel, die den Indianern wie Wolken erschienen. Die Männer waren bärtig und hatten sehr blasse Haut. Zur Verwunderung ihrer indianischen Entdecker trugen sie unbekannte Waffen bei sich, die laut donnerten, wenn sie benutzt wurden. Den nichts ahnenden Indianern muss die Technik der Europäer wie Zauberei erschienen sein. Die Menschen selbst, so dachten viele Indianer beim Erstkontakt, waren gottgleich oder den Göttern zumindest ähnlich.

So oder so ähnlich könnte es einigen Indianern der Virginia-Algonkin am 26. April 1607 ergangen sein, als englische Kolonisten auf den drei Segelschiffen „Susan Constant", „Godspeed" und „Discovery" die Chesepeake Bay hinauffuhren und vor der Küste des heutigen Virginias ankerten. Unter den Kolonisten war auch John Smith, der durch seine Liebe zur Indianerprinzessin Pocahontas bis heute einer breiten Öffentlichkeit bekannt ist.

Die Beziehung der Engländer zu den fremden Bewohnern der Neuen Welt war zunächst von großer Freundlichkeit und gegenseitiger Hilfe bestimmt. Die Engländer hätten sich nie in der Neuen Welt halten und mit Jamestown eine erste Kolonie gründen können, wenn sie nicht die Hilfe der Indianer gehabt hätten. Doch sehr bald änderte sich das Verhältnis beider Gruppen. Gierig und von Hunger getrieben, drangen die Engländer immer weiter in die Gebiete der Indianer vor. Sie plünderten Vorräte aus dem Dorf des Häuptlings Powhatan und entfachten so einen Streit mit den Indianern. Die Lage war zunehmend angespannt,

Die schöne Häuptlingstochter Pocahontas setzte sich der Legende nach für den Abenteurer und späteren Gouverneur der Handelskolonie Virginia, John Smith, ein und verhinderte so, dass er getötet wurde.

und niemand war letztlich bereit, Größe zu zeigen, um die Situation zu entspannen. Powhatan war zugleich der Name eines Stammes und seines Häuptlings, der eigentlich Wahunsonacock hieß. Er hatte die Powhatan-Konföderation aus 31 Stämmen in der Küstenregion des heutigen US-Bundesstaates Virginia geschaffen. Diese Konföderation wollte er sich nicht durch das aggressive Auftreten der Engländer zerstören lassen und war gewillt zu kämpfen.

Pocahontas, seine Tochter, nahm die Rolle einer Vermittlerin zwischen ihrem Stamm und den Engländern ein. Die in populären Darstellungen immer wieder behauptete Liaison zwischen Pocahontas und John Smith, dem Abenteurer und kurzzeitigen Gouverneur Jamestowns, hat es wahrscheinlich nie gegeben. Sicher ist dagegen, dass Pocahontas 1613 von den Engländern gefangen genommen, auf den Namen Rebecca getauft und ein

Jahr darauf mit dem Siedler John Rolfe verheiratet wurde. Das war die erste Ehe zwischen einer Indianerin und einem weißen Kolonisten. Nun herrschte einige Jahre Frieden zwischen den Siedlern und den Indianern. 1616 wurde die als anmutig und klug beschriebene Indianerprinzessin als Abgesandte ihres Vaters am englischen Hof mit allen Ehren empfangen. Kurz vor der geplanten Rückkehr nach Amerika erlag sie 1617 einer schweren Krankheit. Die Feindseligkeiten flammten danach wieder auf, und die Engländer begannen, grausam gegen die Indianer vorzugehen. Einer der Streitpunkte war, dass die englischen Kolonisten von den Indianern forderten, Untertanen des englischen Königs Charles I. zu werden. Doch die Powhatan beharrten auf ihrer Freiheit und lehnten auch die Geschenke des Königs ab. Die Vorstellung eines „englischen Königs" war ihnen ohnehin fremd.

Als zwei Kolonisten ermordet aufgefunden wurden, drehte sich die Spirale der Gewalt weiter. Die Engländer übten Vergeltung, indem sie zwei Dörfer der Powhatan niederbrannten und die Indianer massakrierten, darunter Frauen und Kinder. Nun war die Rache der Powhatan nicht mehr aufzuhalten. Sie wollten sich für das brutale Vorgehen, die permamenten Kränkungen und Verletzungen ihrer Lebensweise an den Engländern rächen. Im März 1622 überfielen sie eine englische Siedlung und töteten 350 Kolonisten. Die englische Antwort ließ wiederum nicht lange auf sich warten. Grausam und mit allen erdenklichen Mitteln gingen man gegen die Indianer vor. Heute würde man von „verbrannter Erde" oder einem „totalen Krieg gegen die Bevölkerung" sprechen. Die Siedler verteilten an die ahnungslosen Indianer gepanschten Alkohol, ermordeten Frauen und Kinder und ließen nicht mit sich verhandeln. Die Powhatan waren stark geschwächt und schließlich gebrochen. 1646 unterzeichneten sie einen Vertrag, der den Kolonisten einen Teil ihres Stammesgebiets zusprach, und willigten ein, fortan in einer Reservation zu leben, die unter der Kontrolle der Kolonisten stand.

Zusammenprall der Kulturen

Auch andernorts wurde aus zunächst freundschaftlichem Umgang miteinander Feindschaft. Am 11. November 1620 gingen die Pilgerväter, die sich mit der englischen Staatskirche überworfen hatten, mit der „Mayflower" vor der amerikanischen Küste vor Anker und gründeten die Kolonie Plymouth im heutigen US-Bundesstaat Massachusetts. Auch sie wurden von den Indianern freundlich empfangen. Der erste Stamm, der auf die Engländer traf, waren die Wampanoag. Sie gehörten der Algonkin-Sprachgruppe an und lebten im Grenzgebiet der heutigen US-Bundesstaaten Massachusetts und Rhode Island. Als sie sahen, wie schwer sich die Engländer dabei taten, ihre erste Siedlung aufzubauen, halfen sie beim Aufbau der Häuser und brachten den Siedlern Nahrung.

Hierbei tat sich vor allem ein indianischer Sklave als Vermittler zwischen den Kulturen hervor. Der Wampanoag Squanto war von den Spaniern verschleppt und nun von den Engländern in die neue Welt zurückgebracht worden. Seiner Diplomatie ist es zu verdanken, dass die Wampanoag unter Führung ihres Sachems Massasoit, der eigentlich Wasamegin (Gelbe Feder) hieß, einen Friedensvertrag mit den Pilgervätern schlossen. Die nordöstlichen Indianer wurden nicht von einem Häuptling, wie die Anführer in den meisten anderen Kulturarealen genannt wurden, sondern von einem Sachem angeführt. Er stellte eine Art Parlamentspräsident dar, der den Willen der demokrati-

schen Mehrheit umsetzte. Danach halfen die Wampanoag den
Engländer durch den Winter, brachten ihnen bei, wie man Mais
anbaut, den Saft der Ahornbäume verwendet und wie man sich
in den dichten Wäldern orientiert. Als Geste des Dankes feier-
ten der Legende nach die Pilgerväter mit den Indianern gemeinsam das Thanksgiving-Fest, das noch heute in den USA gefeiert
wird und an diesen Tag erinnern soll.

In den ersten Monaten und Jahren nach der Ankunft der
englischen Kolonisten schien ein friedliches Zusammenleben
zwischen ihnen und den Indianern möglich. Doch den Pilger-

*Massasoit, Sachem der Wampanoag,
sorgte durch praktische Lebenshilfe
dafür, dass die ersten Pilgerväter den
Winter 1621 überlebten. Deshalb
erinnert in Plymouth/Massachusetts
ein Denkmal an ihn.*

vätern folgten ab 1629 Zehntausende Puritaner, die tief in das Land der Massachusett-Indianer eindrangen. In der Folgezeit kam es immer wieder zu Zusammenstößen. Stamm für Stamm kam mit den immer weiter vordringenden englischen Puritanern in Kontakt. Dabei kam es entweder zu brutalen Auseinandersetzungen oder zu tragischen Ereignissen wie einer Pockenepidemie, der die Massachusett zum Opfer fielen. Nahezu der ganze Stamm wurde ausgelöscht.

Für die Puritaner waren die Bevölkerungsverluste und Epidemien unter den Indianern ein Geschenk und ein Hinweis darauf, dass Gott für sein auserwähltes Volk, die Puritaner nämlich, in Neuengland neuen Lebensraum schuf. Zudem verlangten die Puritaner von den Indianern, Kleinbauern zu werden und ihre bisherige Lebensweise aufzugeben. Diese Forderung war mit der Absicht verbunden, die Indianer zum Christentum zu bekehren. Einige konvertierten weniger aus Überzeugung als vielmehr, um ihre bedrängte Lebenssituation zu verbessern – auch wenn das Christentum aufgrund der Vorgehensweise der Puritaner als etwas Negatives angesehen wurde.

Die Puritaner gründeten die Massachusetts Bay Colony und machten Boston zu ihrer Hauptstadt. Ihr Anführer war John Winthrop, der von religiösem Sendungsbewusstsein erfüllt war. Ihm zufolge sollten die Puritaner dem Christentum in Amerika zu neuer Blüte verhelfen, indem sie die amerikanische Wildnis urbar machten und ein himmlisches Jerusalem nach biblischem Vorbild errichteten, das dem Rest der Welt als leuchtendes Beispiel dienen sollte. Die Indianer waren diesem Vorhaben im Weg. Sie verstanden weder den religiösen Eifer der Puritaner, noch konnten sie etwas mit der Bibel, Christus oder dem Jüngsten Gericht anfangen.

Innerhalb kurzer Zeit kamen immer mehr Kolonisten aus Europa. und drangen immer tiefer und rücksichtsloser in die

Gebiete der Indianer vor. Im Bewusstsein der eigenen Überlegenheit urteilten sie, dass die Indianer nicht das Optimum aus ihrer Landwirtschaft herausholten und dass deren Religion heidnisch und teilweise teuflisch sei. Weite Teile des Landes seien ohnehin nicht landwirtschaftlich kultiviert, sodass es also niemandem gehöre und von den Kolonisten in Besitz genommen werden könne. Die Indianer kultivierten nur so viel Land, wie sie zum Überleben brauchten. Den Rest beließen sie so, wie die Natur ihn geschaffen hatte. Damit prallten zwei unterschiedliche und vollständig gegensätzliche Auffassungen aufeinander.

In der Landnahme zeigte sich der Unterschied zwischen Pilgervätern und Puritanern, die aufgrund ihrer religiösen Prägung Wert auf Frömmigkeit, Fleiß und Bildung legten. Im Gegensatz zu den Pilgervätern strebten die Puritaner nach wirtschaftlichem Erfolg, der für sie ein Zeichen der Auserwähltheit war. Diese Haltung konnte von den Indianern nicht verstanden werden, denn sie glaubten daran, dass das Land, auf dem sie lebten, niemandem gehöre. Es sei ihnen von der Natur zur Verfügung gestellt worden, um sich zu ernähren. Die von ihnen betriebene Subsistenzwirtschaft genügte ihren Ansprüchen. Ihrer religiösen Vorstellung zufolge sollten sie der Natur – auch bei der Jagd auf Tiere – nur soviel abtrotzen, wie sie zum Überleben brauchten. Eine Überproduktion, wie sie die Engländer als Kolonisten wünschten, würde den Einklang mit der Natur stören. Landbesitz in dem Sinne, wie er in Europa verstanden wurde, gab es bei den Indianern nicht. Das Land war frei. Wenn der Boden nicht mehr genügend fruchtbar war, zogen die Indianer einfach weiter. Als die Engländer nun versuchten, den Indianern das Land vertraglich abzukaufen, taten sie etwas, was indianischem Rechtsverständnis vollkommen unbekannt war.

Ein weiterer Unterschied zwischen Indianern und Europäern wie Amerikanern lag in der Art und Weise, wie Verträge geschlossen wurden. Da die Indianer im Allgemeinen keine Schriftzeugnisse hatten, galt das gesprochene und gegebene Wort. Ein Indianer würde niemals sein Wort brechen oder eine mündlich gegebene Zusage nicht einhalten, während Zusagen, Verträge und Abmachungen für Europäer wie Amerikaner erst Geltung bekamen, wenn sie schriftlich fixiert waren. Dass solche Verträge geändert oder gar gebrochen werden konnten, war den Indianern unverständlich. Ein weiteres Problem bei Vertragsabschlüssen ergab sich aus der unterschiedlichen politischen Struktur der Verhandlungsseiten. Die Europäer beauftragen Abgesandte, die das Recht hatten, Verträge zu schließen und zu unterzeichnen. Sie gingen davon aus, dass dies bei den Indianern ähnlich sei, womit sie jedoch falsch lagen. Gerade die Stämme des Ostens besaßen meist einen Ältestenrat, dessen Wort gewichtiger war als das des charismatischen Häuptlings oder Sachems, mit dem die Engländer verhandelten. Wurde also ein Vertrag zwischen einem Sachem und einem Abgesandten geschlossen, bedeutete das noch nicht, dass sich der ganze Stamm diesem Beschluss beugen würde.

Die ersten friedlichen Begegnungen blieben so die Ausnahme. Die puritanischen Siedler zögerten in der Folge nicht, mit Gewalt gegen die Indianer vorzugehen und diesen ihre Religion aufzuzwingen. Immer wieder kam es zu Kämpfen zwischen Kolonisten und verschiedenen Indianerstämmen, die teilweise auch untereinander verfeindet waren und so zu keinem Zeitpunkt auch nur den Hauch einer Chance hatten, den Kolonisten erfolgreich entgegenzutreten.

Einem Angriff der Engländer folgte immer ein Gegenangriff der Indianer, die daraufhin wieder von einer Strafexpedition angegriffen und bestraft wurden. Teilweise gingen die Kolonisten sogar mit Präventivschlägen vor, um den Rachezügen der Indianer zuvorzukommen. Gewalt wurde stets mit Gewalt beantwortet, und so ist es nicht verwunderlich, dass sich die Engländer vor einer indianischen Verschwörung fürchteten, genauso wie die Indianer sich vor dem Ende ihrer Existenz durch das brutale Vorgehen der Engländer fürchteten.

Die Puritaner hatten keine Schuldgefühle bei der Zerstörung der indianischen Kulturen. Ihre zuvor in England an den Tag gelegte Abschottung war nötig gewesen, um als religiöse Minderheit zu überleben. Diese Lebensweise setzten sie in der Neuen Welt fort, wobei sie die Indianer als permanente übermächtige Bedrohung empfanden, derer sie sich im Namen Gottes erwehren mussten.

Pequotkrieg

Der wenig bekannte Pequotkrieg, der sich 1637 ereignete und im *Mystic Massacre* gipfelte, stellt den Beginn eines langen Vernichtungskrieges gegen die Indianer Nordamerikas dar, der erst 1890 mit dem Massaker von Wounded Knee endete. Der Pequotkrieg fand in Connecticut statt, als puritanische Siedler das erste Massaker am Stamm der Pequot verübten und diesen nahezu vollständig vernichteten. Ein derart brutales und unnachgiebiges Vorgehen war den Indianern bis dahin unbekannt. Man kämpfte üblicherweise solange, bis sich der Feind zurückzog oder geschlagen war. Niemals war das Ziel dessen vollständige Vernichtung. Mit dem *Mystic Massacre* hingegen war die englische Vorherrschaft im südlichen Neuengland gesichert.

Wie viele Konflikte in der Zeit der europäischen Expansion begann der Konflikt zwischen den englischen Kolonisten und den Pequot mit einem Missverständnis. Hierzu kam es im Jahre 1634, als die Pequot das am Connecticut River vor Anker gegangene Schiff des Kaufmanns John Stone angriffen und diesen nebst seiner gesamten Mannschaft töteten. Der Überfall hatte als Racheakt eigentlich den holländischen Kolonisten gegolten, mit denen die Pequot kurz zuvor aneinander geraten waren, und nicht den Engländern. Die Holländer hatten den Stammesführer der Pequot wegen eines Konflikts zwischen diesen und ihren natürlichen Feinden, den Narragenset, gefangen genommen. Danach forderten sie ein hohes Lösegeld und exekutierten die Geisel, obwohl die Pequot bezahlt hatten.

Die Pequot wünschten keinen Konflikt mit den Engländern und schickten daher im Oktober 1634 eine Delegation nach Boston zur *Massachusetts Bay Colony*, zu der sich die englischen Kolonisten mittlerweile zusammengeschlossen hatten. Dort verhandelten die Pequot und planten eine Allianz mit den Engländern gegen die Holländer und die Narraganset. Doch die englischen Kolonisten waren weder daran noch an Handelsbeziehungen interessiert und forderten stattdessen von den Pequot hohe Tributzahlungen sowie die Auslieferung der Mörder von John Stone. Die Pequot erklärten, dass Stone einem Irrtum zum Opfer gefallen war und den Angriff dadurch provoziert hatte, dass er gefangene Indianer bei sich hatte. Einige Kolonisten verstanden die Argumentation der Pequot, war Stone doch kurz zuvor von den Kolonisten verstoßen worden. Trotzdem forderte die Mehrheit Sühne für Stones Tod. Die Peqout weigerten sich jedoch, Krieger auszuliefern, die in ihren Augen kein Unrecht getan hatten.

Der Konflikt zwischen den englischen Kolonisten und den Pequot eskalierte, als am 20. Juli 1636 ein weiterer Offizier der Engländer, John Oldham, von Indianern getötet wurde. Er wurde allerdings von einer Untergruppe der Narraganset erschlagen, die jedoch die Pequot der Tat beschuldigten. Fortan fürchteten sich die Kolonisten vor einer indianischen Verschwörung und sandten eine Strafexpedition zu den Narraganset aus. Auf dem Rückweg gingen die Engländer zu den Pequot und forderten abermals die Auslieferung der Mörder von Captain Stone. Sollte diese nicht erfolgen, müssten sie mit Konsequenzen rechnen. Damit war der Friede zwischen den Pequot und den Engländern beendet.

In der Folge fürchteten sich die Pequot vor einem Vergeltungsschlag der Engländer und planten daher, den Kolonisten zuvorzukommen. Hierzu baten sie die benachbarten Narraganset um Hilfe, die aber bereits unter dem Einfluss der Engländer standen und das Vorhaben ihrer indianischen Nachbarn an die Kolonisten verrieten. Nichts ahnend griffen die Pequot im April 1637 englische Siedler am Connecticut River an und töteten die meisten von ihnen. Daraufhin erklärten die Engländer den Pequot am 1. Mai 1637 den Krieg und gingen mit aller Brutalität und Härte gegen den Stamm vor. Neunzig Kolonisten rückten gemeinsam mit verbündeten Indianern auf das Hauptdorf der Pequot am Mystic River vor. Beteiligt waren zweihundert Krieger der Narragansat, die ihre englischen Verbündeten blind unterstützten. Canonicus, der Häuptling der Narraganset, erlaubte den Engländern zudem, durch sein Gebiet zu marschieren, was diesen einen Überraschungsangriff ermöglichte.

Im Hauptdorf der Pequot am Mystic River befanden sich am 25. und 26. Mai 1637 siebenhundert ahnungslose Pequot. Die meisten Krieger waren zu dieser Zeit in Kämpfe verwickelt, so dass sich im Dorf hauptsächlich Frauen, Kinder und Alte befanden. Die Engländer und ihre Verbündeten kannten keine Gnade und metzelten die Dorfbewohner nieder. Das Dorf wurde in Brand gesetzt, und die flüchtenden Pequot wurden immer wieder zurück in die Flammen getrieben. Da der kommandierende Captain John Mason den Befehl hatte, die Pequot bis auf den letzten Bewohner auszurotten, setzte er denjenigen, die dem Inferno entkommen konnten, gnadenlos nach und tötete die Flüchtigen in den Wäldern. Die letzte flüchtige Gruppe wurde von Mason am 28. Juli nahe dem heutigen New Haven vernichtet.

Dieses Massaker brach die Moral der übrigen Pequot. Ihr Widerstandswille erlosch. In kleinen Gruppen flohen sie aus dem Gebiet und versuchten bei befreundeten Stämmen unterzukommen. Doch auch dort waren sie nicht immer willkommen. Einige Stämme nahmen die Pequot auf, andere töteten sie. Die Engländer verkauften die wenigen Gefangenen, die sie gemacht hatten, als Sklaven nach Westindien.

Mitte Juni wurde Captain John Mason erneut losgeschickt, um die restlichen Flüchtlinge der Pequot zu stellen. Neben 160 Kolonisten begleiteten ihn auch vierzig Mohegan-Krieger unter der Führung ihres Sachems Uncas. Es gelang den Puritanern und ihren Verbündeten, die Peuqot in einem Sumpf zu umzingeln. Nur wenige entkamen. Sie sammelten sich unter dem Krieger Sassacus und flüchteten weiter nach Westen. Dort hofften sie von den Mohawk aufgenommen zu werden, die im heutigen US-Bundesstaat New York lebten. Doch der Ruf der Engländer war den Pequot vorausgeeilt. Aus Angst vor einem englischen Vergeltungsschlag töteten die Mohawk die Pequot und schickten zum Beweis ihrer Verbundenheit Sassacus' Kopf nach Hartford, das mittlerweile die Hauptstadt der Kolonie Connecticut geworden war. Beendet wurde der Pequotkrieg mit einem Vertrag vom 21. September 1638, den sowohl die Kolonisten als auch ihre siegreichen indianischen Verbündeten unterschrieben. Es wurde verfügt, die gefangenen Pequot als Sklaven unter den verbündeten Indianern aufzuteilen. Die Engländer erhielten das Land der Pequot, die fortan als ausgelöscht galten, und einige Gefangene als Bedienstete.

Mit dem Massaker an den Pequot statuierten die englischen Kolonisten ein Exempel ihrer rücksichtslosen Entschlossenheit. Schnell verbreitete sich die Nachricht von der Auslöschung der Pequot über ganz Neuengland und versetzte andere Indianer in Angst und Schrecken. Die unbarmherzige Kriegführung, der Präventivschlag und der Versuch, einen ganzen Stamm auszulöschen, waren der indianischen Vorstellung fremd. Ihrem Verständnis nach bekämpften sie ihre Feinde ausschließlich im Gefecht mit deren Kriegern und niemals gegen die Bevölkerung. Nach einem Sieg ließ man von ihnen ab. Niemals hatten die Indianer Neuenglands Kämpfe erlebt, in denen ein ganzes Volk zugrunde ging. Mit der bloßen Gewalt der Kolonisten konfrontiert, betrachteten sie die englische Vorgehensweise mit Abscheu und riefen sich immer wieder in den Sinn, dass die Kolonisten auch nicht davor zurückgeschreckt waren, Frauen, Kranke, Alte und Kinder zu massakrieren. Auf der anderen Seite stellten die Kolonisten triumphierend fest, dass ihre Vorgehensweise Wirkung zeigte. Dem Pequotkrieg folgte eine längere Periode des Friedens, da es eine Generation lang niemand wagte, sich gegen die Engländer zu erheben.

Die Waldland-Indianer

Die Algonkin

Fast alle Indianer des amerikanischen Nordostens gehörten zur Sprachfamilie der Algonkin. Sie lebten in den ausgedehnten Wäldern zwischen den Großen Seen, entlang der heutigen kanadischen Grenze, im Tal des Ohio und in Neuengland. Sie waren die ersten, die mit den französischen und englischen Einwanderern in Berührung kamen. Zur Sprachfamilie der Algonkin gehörten unter anderem die Pequot, die Narraganset, die Wampanoag, die Delaware, die Ottawa und die Shawnee.

Diese sogenannten Waldland-Indianer lebten in Wigwams und Langhäusern. Wobei das Wigwam nicht als das Zelt der Prärie-Indianer zu verstehen ist, wie es die Populärkultur bisweilen andeutet, sondern ein Rundhaus mit einer Kuppel in der Mitte ist. Zum Schutz vor Feinden bauten die Waldland-Indianer Palisaden um ihre Dörfer.

Die Algonkin lebten von Fischfarmen und von der Jagd. Zudem betrieben sie Ackerbau und kultivierten Mais, Kürbis und Tabak. Die Männer waren oft nur spärlich mit einem Lendenschurz bekleidet, während die Frauen lange Kleider aus Leder trugen. Beide legten Wert auf prächtigen Schmuck, bemalten oder tätowierten sich und schmückten sich mit allerlei Perlen und Muscheln.

Das wichtigste Transportmittel war das Kanu, da die meisten Dörfer an Flüssen lagen, die als Transportwege genutzt wurden. Neben der Fortbewegung diente es vor allem auch dem Fischfang.

Die Irokesen

Als Irokesen wird gemeinhin eine Gruppe sprachverwandter Indianer im amerikanischen Nordosten bezeichnet. Woher der Name kommt, ist nicht geklärt. In ihrer eigenen Sprache bezeichnen sie sich als Haudenosaunee – „Menschen des langen Hauses". Ihr Siedlungsgebiet erstreckte sich vom Nordufer des Sankt-Lorenz-Stroms bis zum Hudson River und westlich über den Eriesee hinaus.

Zu den Irokesen zählen die Mohawk, Onondaga, Oneida, Cayuga, Tuscarora und Seneca. Zwischen 1350 und 1600 waren diese Stämme untereinander verfeindet und bekämpften sich. Seit der zweiten Hälfte des 16. Jahrhunderts jedoch begannen sie sich durch das Wirken des Propheten Deganawidah und des Häuptlings Hiawatha zum Irokesenbund zusammenzuschließen. Zunächst verbündeten sich die Oneida, Mohawk, Cayuga und Seneca, später folgten die Tuscarora. Die Onondaga wehrten sich lange gegen einen Beitritt zum Bund. Schließlich gaben sie dem Drängen der anderen Stämme nach, konnten sich dadurch jedoch gewisse Privilegien sichern. Schließlich bestand der Rat des Irokesenbundes aus fünfzig Häuptlingen der sechs Stämme.

Im Siebenjährigen Krieg (1756–63), der in der nordamerikanischen Geschichte als *French and Indian War* bezeichnet wird, kämpften die Irokesen auf Seiten der englischen Kolonisten gegen die Franzosen. Wenige Jahre später, im Amerikanischen Unabhängigkeitskrieg (1775–83), war die Bündnistreue nicht mehr so eindeutig. Die Oneida und Tuscarora stellten sich auf die Seite der Amerikaner, also derjenigen englischen Kolonisten, die für die Unabhängigkeit kämpften, die anderen Stämme auf die Seite der englischen Loyalisten. In der Folge löste sich der Irokesenbund 1784 auf. Während die Onondaga, Seneca und Tuscarora im Staate New York blieben, zogen die Mohawk und Cayuga nach Kanada und die Oneida nach Wisconsin.

Die Irokesen lebten in Dörfern, die aus bis zu hundert Langhäusern bestanden und von einer Palisade befestigt waren. Die Männer gingen auf die Jagd, während die Frauen sich um den Haushalt und den Anbau von Mais kümmerten, um unabhängig vom Jagdglück zu sein. Nach etwa fünfzehn Jahren verlegten die Irokesen ihr Dorf, um an anderer Stelle auf fruchtbaren Boden und reiche Jagdgründe zu stoßen.

Die Narraganset

Die Narraganset gehören zur großen Algonkin-Sprachfamilie im Nordosten der USA. Als die ersten Kolonisten Neuengland besiedelten, waren die Narraganset der führende Stamm unter den Algonkin und daher ein wichtiger Vertragspartner für die Kolonisten. Sie verteilten sich auf über dreißig Dörfer in den heutigen US-Bundesstaaten Connecticut und Rhode Island. Dabei bildete jedes Dorf eine kleine politische Einheit.

Ihre Vormachtstellung unter den Algonkin-Indianern bauten sie weiter aus, in dem sie von anderen Stämmen Tributzahlungen forderten. Auch schlossen sie mit den Engländern einen Friedensvertrag, weshalb sie in den ersten Jahrzehnten nach der englischen Landung unter den Indianern Neuenglands stets als Verbündete der Weißen auftraten, bis die Engländer die natürlichen Feinde der Narraganset, die Pequot, unterworfen hatten und nun ihrerseits gegen die Narraganset, ihre vormaligen Verbündeten, vorgingen. Schließlich schlossen sich diese den Wampanoag gegen die Engländer an. Doch die Kolonisten konnten diesen als *King Philipp War* bezeichneten Aufstand niederschlagen und rächten sich danach auch an den Narraganset. Deren Sachem Canonchet wurde von den Engländern gefangen genommen und hingerichtet. Mit dem Tod des Anführer brachen die Kolonisten den Widerstand der Narraganset.

King Philipp War

Auch den bisherigen Verbündeten der englischen Kolonisten, den Narraganset, drohte ein schreckliches Schicksal. Zunächst blieben sie von verheerenden Epidemien, die ihre Nachbarn in Neuengland teilweise vollständig dahinrafften, verschont, weil ihre Dörfer auf den Inseln in der Narraganset Bay isoliert vom Festland lagen. Ihre Bevölkerungszahl blieb deshalb und auch wegen des Bündnisses mit den Kolonisten stabil, während die benachbarten Stämme fünfzig Prozent oder mehr ihrer Angehörigen verloren. So entwickelten sich die Narraganset zum mächtigsten Stamm im südlichen Neuengland. Doch auch sie wurden schließlich von den Engländern unterworfen, weil sie ihr Gebiet nicht an den englischen König abtreten und dessen Untertanen werden wollten.

Ähnlich erging es auch den Wampanoag, die seit der Ankunft der Pilgerväter ein gutes Verhältnis zu den Engländern unterhielten und ihnen beim Aufbau der ersten Siedlung halfen. Als

Sachem Massasoit starb, der Gerant des Friedens zwischen beiden Parteien, wurde sein Sohn Wamsutta neuer Sachem. Doch Wamsutta verstarb bald auf mysteriöse Weise, so dass sein Bruder Metacomet schließlich die Führung des Stammes übernahm. Metacomet erhielt von den Engländern den Spitznamen „King Philipp". Unter Metacomet änderte sich das Verhalten der Wampanoag gegenüber den Kolonisten. Sie begriffen nun, dass die Engländer ihnen ihre traditionelle Lebensweise, ihre Religion und schließlich auch ihr Land wegnehmen würden.

Metacomet war daher entschlossen, die weitere Expansion der Kolonisten zu verhindern. Dabei war ihm klar, dass er dies nicht allein mit seinem Stamm bewerkstelligen konnte. So brach er zu anderen Stämmen in Neuengland auf, verhandelte und schmiedete eine indianische Konföderation. Zum Christentum übergetretene indianische Spione verrieten den Engländern jedoch Metacomets Pläne. Dieser unterzeichnete daraufhin im Jahr 1671 einen Vertrag mit den Kolonisten, der vorsah, dass die Wampanoag ihre Feuerwaffen an die Engländer übergeben sollten. Metacomet erfüllte diese Vertragsbedingung indessen nicht.

In der Folge konnte Metacomet die Nipmuck, Penacook, Massachusett, Mattabesic und Pocumtuc sowie einige Mahican und Mohawk als Verbündete gewinnen. Dennoch standen seinen 15 000 Indianern mehr als 35 000 Engländer mit ihren Verbündeten – den sogenannten *Praying Indians*, christianisierten Indianern, und den Mohegan – gegenüber. Als im Januar 1675 die Leiche John Sassamons, eines konvertierten Indianers, gefunden wurde, ließen die Kolonisten als Strafe drei Krieger der Wampanoag hinrichten. Dieser Vorfall entfachte den Zorn der Indianer, die von einer kriegerischen Auseinandersetzung nun nicht mehr zurückzuhalten waren.

Die Kampfhandlungen begannen Ende Juni 1675, als ein Wampanoag nahe der englischen Siedlung Swansea getötet wurde. Daraufhin überfielen die Wampanaog diese und weitere Siedlungen und brachten so die Engländer stark in Bedrängnis. Dank ihrer militärischen Schulung und zahlenmäßigen Überlegenheit gelang es den Engländern, ab Juli 1675 eine Truppe aufzustellen, die direkt zu Metacomets Dorf am Mount Hope im heutigen Bundesstaat Rhode Island marschierte und unterwegs jedes Wampanoag-Dorf niederbrannte.

Auch die anderen Stämme schlugen nun los und überfielen englische Siedlungen. Als Reaktion auf die Angriffe weiteten die Engländer den Krieg aus und betrachteten auch neutrale Stämme, die den Wampanoag Durchmarsch gewährten oder sie sonst logistisch unterstützten, als Feinde. Dabei gerieten auch die Narraganset in das Blickfeld der Engländer. Sie hatten Frauen und Kinder der Wampanoag aufgenommen – in den Augen der Engländer Verrat. Canonchet, ein Sachem der Narraganset, weigerte sich, dem Drängen der Engländer nachzugeben und die Frauen und Kinder auszuliefern. Als Antwort griffen die Engländer die Narraganset an, legten Feuer im Dorf und ließen im sogenannten *Great Swamp Massacre* Alte, Kranke, Frauen und Kinder verbrennen. Damit waren die zunächst neutralen Narraganset in den Krieg hineingezogen.

Gestärkt durch die anfänglichen Erfolge wollte Metacomet den Winter 1675/76 erst einmal abwarten, bis der Frühling besseres Wetter für neue Kämpfe bringen würde. Doch Bereits im Februar griff er eine große Zahl englischer Siedlungen an. Von seinen Erfolgen angesteckt, schlossen sich immer mehr Indianer in Neuengland den kämpfenden Truppen Metacomets an. Doch deren Versorgungslage verschlechterte sich zusehends. Hinzu kam, dass ein Versorgungstrupp des Narraganset Canonchet abgefangen wurde. Die Engländer nahmen Canonchet gefangen und töteten ihn. Als Metacomet davon erfuhr, zeigte er sich schwer getroffen und tief traurig. Dieses Ereignis markierte den Wendepunkt des Krieges. Fortan waren ausschließlich die Engländer in der Offensive. Sie metzelten viele Indianerstämme nieder und brachen so die Moral und den Widerstandswillen von Metacomets Leuten. Die Konföderation der Indianer begann zu bröckeln und löste sich schließlich auf, sodass nun jeder Stamm auf eigene Faust gegen die Engländer kämpfte.

Die Engländer jagten Metacomet unbarmherzig durch Neuengland, bis sie ihn endlich am 12. August 1676 durch indianischen Verrat in seinem Heimatdorf am Mount Hope fanden. Er wurde enthauptet und geviertelt. Sein Haupt stellten die Kolonisten als Trophäe ihrer Überlegenheit 25 Jahre lang auf einem öffentlichen Platz in Plymouth aus.

Mit dem Tod Metacomets waren auch die Wampanoag nahezu ausgerottet. Damit war der Krieg beendet – die kriegerische Verfolgung der Indianer setzte sich jedoch fort. Ein halbes Jahrhundert nach der Landung der Pilgerväter war indianisches Leben in Neuengland am Ende.

French and Indian War

Doch nicht nur die Engländer setzten ihren Fuß auf nordamerikanischen Boden, auch die Niederländer und vor allem die Franzosen begründeten in Nordamerika Kolonien und kamen dadurch mit den Indianern in Kontakt. Während die Kolonie der Niederländer – die Neu-Niederlande, zu denen Neu-Amsterdam, das heutige New York, gehörte – 1674 endgültig an die Engländer überging, womit die Kolonialphase der Niederlande in Nordamerika beendet war, verstanden es die Franzosen, vom Sankt-Lorenz-Strom über die Großen Seen und den Mississippi bis nach

New Orleans koloniale Stützpunkte im Hinterland der englischen Kolonien zu errichten. Unausbleiblich stießen die expandierenden Engländer schließlich auf die Franzosen. Beide Seiten zogen in mehreren Kriegen um die Vorherrschaft in Nordamerika die Indianer ins Kampfgeschehen, die so zum politisch-militärischen Spielball der Kontrahenten wurden.

Auch die Franzosen dehnten ihr Territorium weiter aus und drangen tief in den Westen des Kontinents vor. Vor allem Trapper, Abenteurer und Pelzhändler kamen so in Kontakt mit den Indianern. Sie durchzogen den Bereich um die Großen Seen, Teile des heutigen Kanadas und die Uferregionen des Mississippi. Die französischen Kolonisten, Offiziere und Trapper gingen stärker auf die Indianer ein und brachten ihnen zumindest ein grundlegendes Maß an Achtung entgegen. Sie versuchten die Lebensgewohnheiten der Indianer zu respektieren und schafften es so, einen „Ewigen Bund" mit diesen zu schließen. Das geschah jedoch nicht ohne Kalkül, erhoffte sich Frankreich doch indianische Unterstützung gegen die verhassten Engländer.

Parallel dazu verstärkte sich der Siedlungsdruck in den britischen Kolonien an der Atlantikküste, wo immer mehr Einwanderer aus Europa und verschleppte Sklaven aus Afrika und der Karibik eintrafen. Zunächst siedelten diese nur an der Küste, drangen aber bald immer tiefer ins Hinterland vor.

In Europa kam es zu mehreren Kriegen um die Vormachtstellung, die sich auch auf die Kolonien auswirkten. England und Frankreich stritten um die Vorherrschaft in Nordamerika. Es waren der Pfälzische Erbfolgekrieg (King William's War) 1689–97, der Spanische Erbfolgekrieg (Queen Anne's War) 1701–13 und der Österreichische Erbfolgekrieg (King George's War) 1740–48. Traditionell verbündeten sich einzelne Indianerstämme eher mit den Franzosen. Nicht ahnend, dass sie damit in die Mühlen europäischer Konflikte gerieten, hofften sie mit

Unterstützung der Franzosen die Engländer aus Nordamerika vertreiben zu können. Der Siebenjährige Krieg, der *French and Indian War* der amerikanischen Geschichte, brachte indessen die Entscheidung zugunsten der Engländer. Darin wurden Kopfgelder auf Indianer ausgesetzt, deren Skalps als Beweise dienten. Die heutigen kanadischen Gebiete, die ursprünglich von den Franzosen kolonisiert worden waren, fielen im Jahr 1763 an England.

Der Pontiac-Aufstand

1763, im letzten Jahr des Siebenjährigen Krieges, kam es schließlich zu einem großen Indianeraufstand unter der Führung des Ottawa-Häuptlings Pontiac, der einen deutlichen Wendepunkt in den Beziehungen zwischen Indianern und Kolonisten markiert. Auslöser war die Erkenntnis der Indianer, dass die Franzosen geschlagen waren und ein friedliches Zusammenleben mit den Engländern nicht möglich ist. Nie war es letzteren gelungen, Sympathien und das Vertrauen der Indianer zu gewinnen. Im Gegenteil, ihre Vorgehensweise wurde als diabolisch und menschenverachtend angesehen.

Pontiac war ein Häuptling der Ottawa. Er wurde im Jahr 1720 geboren und war lange Zeit ein Verbündeter der Franzosen. Von ihnen lernte er militärische Taktik und Strategie sowie die Denkweise der Europäer. Als er die Niederlage der Franzosen im Siebenjährigen Krieg erkannte, wurde ihm klar, dass die Indianer bald allein gegen die Engländer dastehen würden. Er reiste daher von einem Stamm zum nächsten, schloss Bündnisse und schwor die Indianer auf einen gemeinsamen Kampf gegen die Engländer ein. Mit Hilfe eines Propheten der Delawaren gelang es ihm, selbst zweifelnde Häuptlinge zu überzeugen. Delawaren, Huronen, Illinois, Kickapoo, Miami, Potawatomi, Seneca, Shawnee und Chippewa erklärten sich bereit, an seiner Seite und unter seiner Führung zu kämpfen. Im Sommer 1763 war die Allianz zwischen den meisten Stämmen der Großen Seen geschmiedet. Mit einem militärischen Geniestreich, der selbst den Engländern Respekt abnötigte, gelang es ihm, neun der elf englischen Forts einzunehmen. Lediglich das ehemals französische Fort Detroit sowie Fort Pitt, das heutige Pittsburgh, konnten die indianischen Angriffe überstehen, wobei sich Fort Detroit nur dank einer indianischen Verräterin halten konnte. Der Militärgouverneur von Kanada und Oberbefehlshaber der englischen Truppen, Sir Jeffrey Amherst, soll befohlen haben, mit Pocken infizierte Decken unter den India-

Durch eine indianische Verräterin vorgewarnt, wusste Major Gladwyn, dass Pontiac ihn in Detroit ermorden und danach ein Massaker an den Engländern anrichten wollte.

nern zu verteilen. Unter welchen Umständen und wie das tatsächlich geschah, ist bis heute ungeklärt. Bestätigt ist lediglich Amhersts Haltung gegenüber den Indianern. Er hielt sie für Barbaren, die ausgerottet werden mussten. Dafür sei jedes Mittel Recht.

Die Gegenoffensive der Engländer ließ nicht lange auf sich waren. Die britische Armee schlug den Aufstand mit zwei Expeditionen in den Jahren 1763 und 1764 blutig nieder. Pontiac wurde im April 1769 von einem indianischen Krieger ermordet, den die Engländer dafür bezahlt hatten. Mit dem Zusammenbruch des Aufstands und dem Tod Pontiacs war der größte Widerstand der Indianer gegen die westliche Expansion der Kolonisten gebrochen.

Solange das Vordringen in die Indianergebiete auf Kosten der Franzosen erfolgt war, hatte die britische Regierung keine Einwände dagegen erhoben. Nach dem Abzug der Franzosen änderte sich die Politik der Krone. George III. verbot seinen Untertanen in der „Königlichen Proklamation von 1763", weiter in die Indianergebiete einzudringen. Er legte die Appalachen als Westgrenze der Kolonien fest und stationierte dort 10 000 Soldaten zur Überwachung.

Wenige Jahre später kam es zum Amerikanischen Unabhängigkeitskrieg (1775–83). Mit der Unabhängigkeitserklärung vom 4. Juli 1776 erklärten sich die amerikanischen Kolonien für unabhängig von der englischen Krone. Die Vereinigten Staaten von Amerika waren geboren. Die Gründung der ersten Demokratie der Neuzeit hatte für die Indianer allerdings keine so positive Bedeutung wie für die Europäer. Aus den englischen Kolonisten waren nämlich Amerikaner geworden, die den Kontinent als ihre Heimat empfanden und nicht gewillt waren, in die Alte Welt zurückzukehren. Sie sahen sich als rechtmäßige Bewohner des Landes, wie es auch die Indianer taten.

George Washington, der erste amerikanische Präsident, umriss 1786 zusammen mit dem Leiter des Kriegsministeriums den Umgang mit den Indianern. Ihr Plan beruhte auf den Grundpfeilern der Zivilisierung und Assimilierung – die Indianer sollten Amerikaner werden. Präsident Washington war sich bewusst, dass der Landraub den Vereinigten Staaten einen schlechten Ruf einbringen würde, dennoch hielt er ihn aus sicherheits- und wirtschaftspolitischen Gründen wie auch für die Freiheit der künftigen Generationen für unabdingbar.

Die Delawaren waren der erste Indianerstamm, der im Jahr 1778 einen von insgesamt 370 Verträgen mit den Vereinigten Staaten schloss. Für ihre Unterstützung der rebellischen amerikanischen Kolonisten gegen die Briten im Unabhängigkeitskrieg wurde den Delawaren ein eigener Indianerstaat versprochen, dessen Führung sie übernehmen sollten. Doch der Vertrag wurde in den folgenden Jahren durch achtzehn weitere ersetzt und dahingehend geändert, dass den Delawaren immer weniger Stammesgebiet zustand und sie immer weiter abgedrängt wurden.

Fortan wurde jeder Indianerstamm als eigene Nation betrachtet, mit der die Regierung Verträge schließen konnte. Das galt bis 1871. Doch schon am 12. August 1868 wurde der letzte Vertrag der US-Regierung mit einem Indianerstamm, den Nez Percé, geschlossen. Sie traten sieben Achtel ihres Stammesgebiets und einen Teil ihrer Reservation an die US-Regierung ab. Im Jahr 1871 beschloss der amerikanische Kongress, die Indianer-Stämme künftig nicht mehr als einzelne Nationen zu betrachten. Es sollten fortan keine weiteren Verträge mit ihnen geschlossen werden. Dieser Status bestand bis weit ins 20. Jahrhundert hinein.

Erstkontakte der westlichen Indianer

Vollkommen unverständlich wäre den Indianern Nordamerikas der Kauf von Louisiana im Jahr 1803 vorgekommen, von dem sie zunächst nichts erfuhren. US-Präsident Thomas Jefferson kaufte dieses riesige Gebiet im Westen der Vereinigten Staaten, das das gesamte Gebiet vom Mississippi bis hin zu den Rocky Mountains umfasste, von den Franzosen, da Napoleon Geld für seine Kriege in Europa brauchte. Damit reichte das Territorium der Vereinigten Staaten von Amerika bis zu den Rocky Mountains. Auf diesem Gebiet lebten zahllose Indianerstämme, denen nicht bewusst wurde, dass ihr Lebensraum den Besitzer gewechselt hatte.

Für die Amerikaner war es nun wichtig, mit einer Expedition in das neue, in seiner Größe und Beschaffenheit unbekannte Gebiet vorzudringen, es zu erforschen und – so dachte zumindest Präsident Jefferson – freundliche Kontakte zu den Indianern des Westens zu knüpfen. Der intellektuelle Jefferson wollte zudem die östlich des Mississippi verbliebenen Indianer assimilieren und zu Amerikanern machen. Der Schlüssel hierfür sollte die Landwirtschaft sein. So in die amerikanische Union aufgenommen, würden sie ihre traditionelle Lebensweise und auch Teile ihre Landes für die Besiedlung aufgeben. Präsident Jefferson war ein Mann der Aufklärung und daher überzeugt, dass die Indianer sich leicht „zivilisieren" ließen. Die „wilden" Krieger würden sich in brave Bauern und letztlich in Amerikaner verwandeln, die den Boden des Westens bearbeiteten.

Jefferson gab daher folgende Ziele vor: Lewis und Clark sollten die Flora und Fauna des Louisiana-Gebietes erforschen, neue Verkehrswege in den Westen erkunden und erste Beziehungen mit einzelnen Stämmen herstellen. Für die Geschichte der USA ist sowohl der Kauf von Louisiana 1803 als auch die

Die Schoschonin Sacagawea war der Expedition von Lewis und Clark eine große Hilfe. Sie wirkte als Übersetzerin, war ortskundig und stellte Kontakt zu anderen Indianern her.

Expedition von Lewis und Clark in den Jahren 1804/05 von großer Bedeutung.

Auch für die Indianer bedeuteten diese Vorgänge eine schwerwiegende Zäsur. Für viele Stämme war der Kontakt mit Meriwether Lewis und William Clark die erste Begegnung mit den US-Amerikanern. Einige hatten von den Weißen bereits gehört, andere nicht. Lewis und Clark hatten also mit dem Auftrag, friedliche Kontakte zu den Stämmen des Westens zu knüpfen, eine Aufgabe von nationaler Wichtigkeit und nicht zu unterschätzender historischer Bedeutung. Im heutigen Verständnis für kulturelle und sprachliche Vielfalt gehen wir davon aus, dass die Mission scheitern musste, weil niemand daran dachte, wie die Indianer aufeinander reagieren werden, sobald sich ein Stamm mit den Amerikanern verbünden würde.

Lewis und Clark erlebten auf ihrer Expedition zahlreiche friedliche Begegnungen, aber auch weniger friedliche wie mit den Teton-Sioux im September 1804. Zunächst zeigte der Häuptling der Teton-Sioux, Black Buffalo, keinerlei Interesse an einem Gespräch mit Lewis und Clark. Die angespannte Stimmung zwischen beiden Lagern eskalierte, und die Indianer zückten ihre Waffen. Die Gefährten von Lewis und Clark griffen ebenfalls zu ihren Gewehren und legten auf die Teton-Sioux an. Bevor es jedoch zum Schusswechsel kam, sprang Clark mit erhobenem Säbel in die Mitte, um Ruhe zu gebieten. Dann befahl er seinen Männern, die Waffen herunterzunehmen und sich zurückzuziehen. Die Indianer honorierten seinen Mut, senkten ebenfalls die Waffen und verschwanden. Immerhin hatte Clark unnötiges Blutvergießen verhindert.

Den Winter über blieb die Expedition in der Nähe der Mandan am Missouri River. Beide Gruppen pflegten einen friedlichen und respektvollen Umgang miteinander und tauschten Lebensmittel und Pelze aus. Den Mandan zu Ehren nannte Clark das Hüttenlager, das er auf der anderen Seite des Flusses errichten ließ, Fort Madan.

Dort trafen Lewis und Clark auf eine bemerkenswerte Indianerin, die bis heute einen ähnlichen Bekanntheitsgrad aufweist wie Pocahontas: Sacagawea. Sie überwinterte mit ihrem Mann, dem französisch-kanadischen Trapper Toussaint Charbonneau, bei den Mandan und schloss sich im Frühling, als Lewis und Clark wieder aufbrachen, deren Expedition an. Als Dolmetscherin, ortskundige Führerin und Vermittlerin war Sacagawea von großem Nutzen für die Expedition. Am 11. Februar 1805 brachte sie zudem ihren ersten Sohn zur Welt, den sie Jean Baptiste nannte.

Die Schoschonen kamen das erste Mal mit den Amerikanern in Kontakt, als die Expedition in den Rocky Mountains nach einem geeigneten Pass suchte. Gemäß den Vorgaben von Präsident Jefferson setzten sich Lewis und Clark mit den Schoschonen zusammen und schlossen einen Friedensvertrag. Für Sacagawea barg dieses Treffen eine Besonderheit. Sie erfuhr vom Schicksal ihrer Familie, die zu den Schoschonen gehörte. Als Kind war sie von den Hidatsa entführt worden und stellte nun fest, dass sie die Schwester des Häuptlings Cameahwait war. Diese Begebenheit war dem Friedensschluss sehr förderlich.

Bereitwillig gaben die Schoschonen Auskunft über die Gebirgspässe und boten einige Packpferde zum Tausch an. Zudem stellten sie ihren neuen Verbündeten den indianischen Kundschafter Old Toby zur Verfügung, der sie sicher durch die Rocky Mountains führen sollte.

Einer der nächsten Stämme, die in Kontakt mit den Amerikanern kamen, waren die Blackfoot. Sie hatten seit Jahrzehnten den Ruf, den europäisch-amerikanischen Entdeckern und Eroberern feindlich gesinnt zu sein. Tatsächlich lebten die Indianer seit etwa zwanzig Jahren in Frieden mit verschiedenen französischen und kanadischen Trappern und Pelzhändlern. Diese erhielten bei den Indianern Wolf- und Biberpelze im Tausch für Waffen, Munition und Alkohol, wovon die Blackfoot wirtschaftlich enorm profitierten. So hatten sie auch neue Waffen, mit denen sie die benachbarten Nez Percé und Schoschonen bekämpften, die sie zur Zeit der Begegnung mit Lewis und Clark zu dominieren begannen.

Als die Blackfoot auf die Expedition trafen, hegten sie zunächst Misstrauen. Sie hatten bereits weiße Verbündete und erkannten, dass diese Amerikaner andere Ziel hatten. Doch beide Seiten konnten schließlich ihr Misstrauen überwinden. Die Blackfoot hörten sich an, was Meriwether Lewis von den guten Absichten Präsident Jeffersons in Washington zu berichten hatte. Doch als er einen immerwährenden Frieden und ein Handelsnetz zwischen den Amerikanern und den Indianern des Westens erwähnte, erschraken die Blackfoot. Ihre heimlichen Befürchtungen bestätigten sich, als Lewis erwähnte, dass die Schoschonen und Nez Percé bereits eingewilligt hätten und von nun an Verbündete der Amerikaner seien. Die Amerikaner waren mit ihren natürlichen Todfeinden verbündet! Sie würden diesen nicht nur Handelsgüter, sondern auch Waffen und Munition liefern! Der Vorteil, den sie sich durch das Bündnis mit Kanadiern und Franzosen verschafft hatten, schien plötzlich bedroht. Die Blackfoot brachen die Verhandlungen ab. Nie würden sie ein Bündnis mit den Verbündeten ihrer Feinde eingehen. Das wäre ihr Untergang.

Die angespannte Situation eskalierte in der Nacht, als die Blackfoot versuchten, die Waffen der Expeditionsteilnehmer zu stehlen. Zwei Indianer wurden erschossen, der Rest flüchtete und berichtete dem Stamm vom Bündnis der Amerikaner mit seinen Feinden. Die Blackfoot betrachteten von diesem Tag an alle Amerikaner – ob Trapper oder Siedler unterschiedlichster Herkunft aus Europa – als Todfeinde. Das Ereignis markiert zudem den Auftakt des blutigen Vernichtungskrieges gegen die Indianer des Westens, der bis 1890 andauerte.

Tecumsehs Traum von einer Konföderation

Tecumseh, ein Sachem der Shawnee, ist wahrscheinlich 1768 am Mad River im heutigen US-Bundesstaat Ohio geboren worden. Sein Name bedeutet „Der sich zur Jagd duckende Panther", könnte aber auch „Ich überquere den Weg" heißen. Schon früh verloren Tecumseh und sein Zwillingsbruder Tenskwatawa ihren Vater, der in der Schlacht von Point Pleasant 1774 getötet wurde. Diese Schlacht markiert den Höhepunkt des *Lord Dunmore's War* zwischen den Shawnee und den Mingo auf der einen und den Kolonisten von Virginia auf der anderen Seite. Doch Tecumseh musste noch weitere Schicksalsschläge hinnehmen. 1780 wurde sein Heimatdorf von Siedlern aus Kentucky niedergebrannt, acht Jahre später töteten Siedler einen seiner älteren Brüder, während der andere in der Schlacht von Fallen Timbers am 20. August 1794 fiel.

Diese Schlacht beendete den *Northwest Indian War*, den der Häuptling der Miami, Little Turtle, gemeinsam mit dem Shawnee Blue Jacket gegen die Amerikaner geführt hatte. In dieser Schlacht standen sich amerikanische Truppen und eine Indianer-Konföderation aus Delawaren, Anishinabe, Potawatomi, Ottawa, Shawnee und Mingo gegenüber. Sie waren von den Briten mit Waffen und Munition ausgestattet worden in der Hoffnung, so die amerikanischen Kolonisten doch noch zu besiegen.

Der junge Tecumseh war von diesen Ereignissen zutiefst geprägt und entwickelte eine starke Abneigung den Kolonisten gegenüber. Für ihn hatte die Natur den Indianern das Land gegeben, es konnte daher weder von den Weißen erobert noch den Indianern abgekauft werden. In den Kämpfen gegen die Amerikaner zeichnete er sich durch große Tapferkeit aus. Zudem galt er als charismatisches Redetalent.

Tecumseh erkannte, dass ein erfolgreicher Widerstand gegen die Weißen nur gemeinsam möglich war. Die Konföderationen und Bündnisse, die Häuptlinge und Sachems vor seiner Zeit geschlossen hatten, waren ihm zu klein. Sein Vorhaben war die weiträumige Vereinigung vieler Stämme. So reiste er zu den meisten Stämmen zwischen den Großen Seen und dem Golf von Mexiko und beschwor die Einheit der Indianer. Ihm zur Seite stand sein Zwillingsbruder Tenskwatawa, der als Prophet unter den Indianern wirkte. Gemeinsam gelang es dem Brüderpaar um 1806, mehrere Stämme für ihre Sache zu gewinnen. Sie riefen immer mehr Indianer in die Stadt Tippecanoe an einem Nebenfluss des Wabash River. Dort prophezeite Tenskwatawa einen großen Sieg der Indianer.

Tecumseh war ein charismatischer Redner und Anführer. Er leistete beim Kampf um die Vorherrschaft im Ohio-Tal den Amerikanern erbitterten Widerstand und kämpfte im Krieg von 1812 auf Seiten der Briten.

Tecumseh reiste weiterhin zu vielen Indianerstämmen und versuchte sie mit aufwühlenden Reden für seine Konföderation zu gewinnen. Doch nur wenige Häuptlinge gaben ihm ihre Zustimmung. Die meisten fürchteten sich vor den Weißen und zogen es vor, in die vorgesehenen Reservationen zu gehen. Jenen, die sich ihm anschlossen, verkündete er, dass alle Friedenshäuptlinge ihr Amt niederlegen müssten, da ihre Politik des Friedens die Indianer im Allgemeinen erst in die bedrohliche Situation gebracht habe. Die entmachteten Sachems und Häuptlinge warnten vor einem Krieg gegen die Amerikaner, der den Untergang ihrer Stämme zur Folge haben würde.

Immer mehr Indianer strömten in die Stadt Tippecanoe, während Tecumseh noch unterwegs war. Er hatte seinen Bruder Tenskwatawa eindringlich aufgefordert, jegliche Kampfhandlungen während seiner Abwesenheit zu vermeiden. Nach mehreren kleinen Zwischenfällen erhielt der amerikanische General William Henry Harrison, der Gouverneur des Indiana-Territoriums, im Herbst 1811 den Befehl, gegen Tippecanoe vorzugehen. Als Harrison am 6. November vor der Stadt erschien, ließ Tenskwatawa entgegen dem Ratschlag seines Bruders die Indianer angreifen. In den frühen Morgenstunden fielen sie über die Amerikaner her, konnten aber nach einer zweistündigen Schlacht zurückgedrängt und am Ende vernichtend geschlagen werden. Tecumsehs Vorhaben war damit zunichte gemacht; er wurde nun überall gesucht und verfolgt. Erbost von der überstürzten Handlung seines Bruders setzte er sich nach Kanada ab.

Im Jahr 1812 kam es erneut zu einem Krieg zwischen den USA und England, der als *Krieg von 1812* oder *Zweiter Unabhängigkeitskrieg* bezeichnet wird. Dabei versuchten die Amerikaner Kanada zu erobern. Tecumseh und seine Krieger halfen den Briten, die amerikanische Invasion zurückzudrängen und nahmen Fort Detroit ein. In der Schlacht am Thames River zwischen den Briten mit ihren indianischen Verbündeten und den Amerikanern fiel Tecumseh am 5. Oktober 1813. Zuvor hatte er den Rang eines Brigade-Generals der britischen Armee erhalten.

Mit dem Ende des Aufstands änderte sich die Indianerpolitik der Vereinigten Staaten. Hatten die ersten Präsidenten noch auf eine Politik der Zivilisierung und Assimilierung gedrängt, setzten die nachfolgenden Politiker und Präsidenten auf Verdrängung und Segregation. Die Indianer sollten in für sie vorgesehenen Gebieten, sogenannten Reservationen, siedeln und dort vor den Weißen geschützt sein. Damit wären auch die Weißen vor den Indianern geschützt. Der Landverkauf von Indianern an Siedler und der aufkommende Handel mit Alkohol ließen sich so ebenfalls in den Griff bekommen. Um die Reservationen zu verwalten und des „Indianerproblems" Herr zu werden, richtete die Regierung 1824 das *Bureau of Indian Affairs* (BIA), das Amt für indianische Angelegenheiten, ein. Es unterstand zunächst dem Kriegsministerium, wurde aber 1849 Teil des neu eingerichteten Innenministeriums der Vereinigten Staaten.

Der Pelzhandel

Für viele nordöstliche Stämme war der Pelzhandel ursprünglich nur eine Ergänzung ihres Nahrungserwerbs, der sich traditionell an die Jahreszeiten anpasste. Im Sommer machten die Indianer Jagd auf Biber, Otter, Waschbären und Füchse, während sie sich im Winter in mehrere Familien umfassende Gruppen aufteilten und größere Tiere jagten, unter anderem Elche und Bären. Im Frühling kamen die Indianer wieder in ihren

Dörfern zusammen, um Rituale und Festlichkeiten abzuhalten und Handel zu treiben. In der frühen Phase der europäischen Expansion passten sich die Pelzhändler vollständig dem Jahresrhythmus der Indianer an und beachteten deren Gepflogenheiten des Handels und des Austausches.

Gegen Ende des 17. Jahrhunderts traten englische Pelzhändler mit der neu gegründeten *Hudson's Bay Company* in Konkurrenz zu den französischen Händlern. Diese Situation belebte den Pelzhandel, und die Nachfrage nach nordamerikanischen Pelzen in Europa stieg. Die Indianer erkannten ihre Schlüsselposition im Pelzhandel und spielten die europäischen Pelzhändler zunächst geschickt gegeneinander aus. So konnten sie viel höhere Preise für die Pelze erzielen und erhielten als Bezahlung Gewehre, Pulver, Munition, Decken, Tücher, Eisenwaren, Messer, Spiegel, Perlen, Farben und Kämme. Damit kam ein Prozess in Gang, der die Kultur der Indianer tiefgreifend und nachhaltig veränderte.

Der Pelzhandel, der bislang stets an die Lebensweise der Indianer angepasst gewesen war, beeinflusste die Stämme fortan zu ihrem Nachteil. Viele Indianer fanden es bald lukrativer, das ganze Jahr über Pelze zu handeln, als ihren traditionellen Tätigkeiten nachzugehen. Die Jagd, der Ackerbau und andere den Jahreszeiten entsprechende Tätigkeiten wurden bald auf Kosten des Pelzhandels vernachlässigt. Ganze Dorfgemeinschaften und Familienverbände lösten sich auf und verfielen der Gier nach noch mehr Profit durch den Pelzhandel. Wertordnungen innerhalb der Stämme veränderten sich, die Beziehung zu Land, Natur und Tieren zerbrach teilweise. Einzelne verließen ihre Stämme und trugen so zu deren weiterer Destabilisierung bei. Parallel dazu wurden Stämme, die einst friedlich miteinander Handel getrieben hatten, zu erbitterten Konkurrenten. Gewehre und schwere Eisenfallen führten zu größerem Jagderfolg und somit zu einer Verbesserung des Pelzhandels, aber auch zum Niedergang der Tierwelt. Bis zum Beginn des 18. Jahrhunderts waren einige Tierarten in manchen Regionen – vor allem am Sankt-Lorenz-Strom und rund um die Großen Seen – beinahe ausgerottet.

Der Pelzhandel hat die Indianer stark verändert. Er verwandelte weite Teile Nordamerikas, die lange Zeit durch friedlichen Handel verbunden gewesen waren, bis zum Ende des 18. Jahrhunderts in Regionen mit entwurzelten und demoralisierten Indianerstämmen. Durch den Pelzhandel waren von den Appalachen bis zum Mississippi uralte Gesellschaftsformen, Traditionen, Normen und Werte zusammengebrochen.

Zu Beginn des 19. Jahrhunderts dominierte der Pelzhandel das Leben an der Siedlungsgrenze zwischen Indianern und Weißen. Neben unzähligen unabhängigen Händlern beherrschten die alteingesessene *Hudson's Bay Company* und die neugegründete *American Fur Company* den lukrativen Markt. Was im 18. Jahrhundert zaghaft als Tauschgeschäft begonnen hatte, beschrieben Zeitzeugen zu Beginn des 19. Jahrhunderts als neues Eldorado und bezeichneten die Pelze als „braunes Gold". Neben dem Tauschgeschäft mit den Indianern plünderten die Pelzhändler die Wälder und Flüsse des Nordostens und reduzierten so den Bestand an Bibern und anderen Pelztieren. Bald ging es im Wettbewerb unter den einzelnen Handelsgesellschaften darum, neue Jagdgebiete zu erschließen und es dem jeweiligen Gegner unmöglich zu machen, in die gleiche Richtung zu expandieren. Daher schickten die Unternehmen Waldläufer und Fallensteller in von Indianern besiedelte Gebiete.

Diese Waldläufer – auch Trapper oder *Mountain Men* genannt – waren die unscheinbaren Vorboten der Zivilisation. Sie genossen die Freiheit, die das Leben in den Wäldern und Bergen

Der Pelzhandel beherrschte im frühen 19. Jahrhundert den Westen.
Gegen Perlen, Alkohol, Waffen, Munition und Alltagsgegenstände
tauschten die Indianer die begehrten Pelze ein.

bot, und wurden in ihrer Lebensweise den Indianern immer
ähnlicher. Mit dem Leben in der Natur versuchten sie der Zivilisation des Ostens zu entkommen und ihren ganz eigenen amerikanischen Traum von Freiheit und Abenteuer zu verwirk-
lichen. Häufig waren sie mit Indianern befreundet, heirateten
sogar indianische Frauen und passten sich in Lebensart und
Kleidung an die Indianer an. Sie trugen eine Jacke und eine
Hose aus Leder mit Fransen, eine Biberfellmütze und an den
Füßen Mokassins. Und doch waren sie Vorboten genau jener
Zivilisation, der sie zu entkommen suchten. Unter den Trappern
gab es Amerikaner, Afroamerikaner, Hawaiianer, Europäer ver-
schiedener Herkunft und auch Indianer anderer Stämme. In
Oregon beispielsweise bestand ein Drittel der Trapper aus Iro-
kesen und Delawaren aus dem Osten.

Zwischen 1820 und 1840 boomte der Pelzhandel, wobei der Bestand an Bibern bereits zu Beginn der 1830er Jahre deutlich reduziert war. Die anfänglichen wenigen Trapper brachten zudem viele raffgierige Händler mit sich, die rücksichtslos mit Natur und den Indianern umgingen. Ihnen ging es schlicht um den reinen Profit aus dem Pelzhandel. Viele Indianerstämme reagierten aggressiv auf die Zerstörung ihrer Lebenswelt und die Ausrottung mehrerer Tierarten, die sie zum Leben brauchten und niemals ausrotten würden, da sie der Natur ausschließlich lediglich so viel nahmen, wie sie für ihren Alltag brauchten.

Die europäische Zivilisation hatte im Verlauf von zweihundert Jahren das Gesicht des östlichen Teils Nordamerikas verändert und das indianische Leben in diesem Bereich zerstört. Seit Beginn des 19. Jahrhunderts expandierten die USA immer weiter in Richtung Westen und veränderten auch diese Region nachhaltig. Die Trapper und Pelzhändler durchquerten die Prärien und die Rocky Mountains auf der Suche nach immer neuen indianischen Tauschpartnern. Waren es zuvor normale Tauschgeschäfte gewesen, so handelten die Pelzhändler nun vielerorts mit Alkohol. Begonnen hatte das durch die unabhängigen Pelzhändler, die Alkohol als Tauschmittel einsetzten, um sich gegen die großen Unternehmen zu behaupten. Sie brannten nun Maisschnaps, panschten Whiskey und süßten das Gebräu mit Zucker, um es gegen die begehrten Pelze zu tauschen. So konnten sie ihren Profit erhöhen.

Die Begegnung mit dem Alkohol traf die Indianer hart, da ihnen dessen Wirkung völlig unbekannt war. Schnell verfielen viele dieser Droge und gerieten in Abhängigkeit von ihr – sie waren nun bereit, mehr und mehr Pelze an die Händler abzugeben, nur um an den begehrten Alkohol zu gelangen.

Der Regierung war klar, dass der Alkoholhandel verboten werden musste im Interesse der Indianer. Dennoch gab es im amerikanischen Senat Gegenstimmen. Juristisch durfte die Regierung nicht in Angelegenheiten der „Indianergebiete" eingreifen und verbot daher 1815 per Gesetz lediglich, in den Indianergebieten Destillerien zu errichten, und 1822, Alkohol in die indianischen Gebiete zu transportieren. Beide Gesetze reichten jedoch nicht aus, um der Misere Herr zu werden. Im Gegenteil: Der Handel von Alkohol weitete sich in den 1820er Jahren noch aus.

Verbündete im Westen

Die Mandan

Die Mandan waren ursprünglich ein halbnomadischer Stamm und entstammten der Sioux-Sprachfamilie. Um 1800 ließen sie sich am Missouri und seinen dessen Nebenflüssen nieder und wurden dort mit der Zeit sesshaft. Wahrscheinlich stammten sie ursprünglich aus dem Ohio-Tal, waren aber nach Westen gewandert, um den Siedlern aus dem Weg zu gehen. Bekannt wurden die Mandan einer großen Öffentlichkeit, weil der deutsche Prinz Maximilian Prinz zu Wied-Neuwied und der Schweizer Karl Bodmer auf ihrer Amerikaexpedition einige Monate bei ihnen lebten. Bodmers Gemälde sorgten dafür, dass die urtümliche Welt der Mandan noch heute bekannt ist. Maximilian seinerseits wiederum sammelte viele Gegenstände der indianischen Alltagskultur, um diese den Menschen auf dieser Seite des Atlantiks näher zu bringen.

Im Gegensatz zu ihren nomadischen Nachbarn lebten die Mandan in festen Dörfern. Ihre Häuser bestanden aus kuppelförmigen, mit Erde bedeckten Hütten. Zum Schutz der Häuser errichteten sie eine Palisade um das Dorf. Ein Dorf der Mandan bestand aus zwanzig bis hundert Hütten. Sie lebten von der Büffeljagd, vom Anbau landwirtschaftlicher Produkte und von der Korbmacherei. Die Leitung eines Stammes oblag jeweils dem Kriegshäuptling, dem Friedenshäuptling und einem übergreifenden Stammesoberhaupt.

Um 1750 gab es noch neun große Mandan-Dörfer. Doch sehr bald reduzierte sich die Anzahl der Stammesmitglieder. Viele erlagen Krankheiten. Pocken- und Choleraepidemien rafften große Teile der Bevölkerung dahin. Eine Pockenepidemie in den Jahren 1837/38 überlebten lediglich rund einhundert Mandan. Da ihr soziales und gesellschaftliches Leben und ihre ganze Kultur zusammengebrochen war, wanderten die Überlebenden zu den befreundeten Hidatsa, von denen sie aufgenommen wurden. 1934 verbanden sich die Mandan im Zuge des *Indian Reorganization Act* offiziell mit den Arikara und Hidatsa und bildeten die *Drei Verbundenen Stämme*. Die Volkszählung 2000 ergab, dass die Mandan heute noch 369 Stammesangehörige haben.

Die Schoschonen

Die Schoschonen, englisch Shoshoni, bezeichnen sich selbst als *Nimi* und gehören der uto-aztekischen Sprachfamilie an. Die Herkunft der Bezeichnung *Shoshoni* ist bis heute ungeklärt. Sie sind mit den Komantschen verwandt, die sich einst von den Schoschonen abgespalten haben. Einige andere Stämme nannten die Schoschonen „Volk des vielen

Grases", weil einige ihrer Gruppen in Grashütten, sogenannten *Wickiups*, lebten.

Zur Zeit des Erstkontaktes mit den Weißen lebten sie im
heutigen Idaho, im Nordwesten Utahs, in Nevada, Montana und zu kleinen Teilen in Oregon. Sie waren mit ihren
Nachbarn, den Lakota-Sioux und den Arapaho, verfeindet
und lebten als sesshafte Jäger und Sammler, bevor sie sich
um 1700 in einen nomadischen Reiterstamm verwandel-
ten. Sie begannen Pferde zu domestizieren und Büffel zu
jagen.

Auf den Prärien lebten die Schoschonen in vielen kleinen
Gruppen, die jahreszeitlich bedingt ihren Weideplatz verlegten und umherzogen. Sie bewohnten Tipis, die zum Inbe-
griff der Indianerbehausung geworden sind. Die Weißen
teilten die Schoschonen in eine westliche, eine nördliche
und eine östliche Gruppe ein, wobei sich die westlichen
Schoschonen nicht zu Prärie-Indianern entwickelten. Diese
Einteilung spielte für die Schoschonen keine Rolle und bezeichnet auch keine kulturellen Unterschiede.

Die Nez Percé

Die Nez Percé erhielten ihren populären Namen von den
Franzosen, in deren Sprache er „Durchbohrte Nasen" bedeutet. Die namengebende Gewohnheit der Nez Percé, ihre
Nasen zu piercen, verlor sich allerdings im Laufe des 19. Jahrhunderts. Ursprünglich nannten sie selbst sich *Nimiipuu*, was
„das Volk" bedeutet, übernahmen aber auch den französischen Begriff und übersetzten „Durchbohrte Nasen" in ihre
Sprache: *Chopunnish*.

Ihrer Tradition entsprechend bewohnten sie ein weites Gebiet im Bereich der heutigen US-Bundesstaaten Idaho, Oregon und Washington State. Ihr Stamm umfasste siebzig dauerhaft bewohnte Dörfer mit jeweils bis zu zweihundert Personen. Diese Dörfer wurden an Flüssen errichtet, die als Verkehrswege genutzt wurden und an denen sich die Dorfstruktur ausrichtete. Die Dörfer an einem Nebenfluss bildeten dabei stets die Untergruppe eines Stammes, die sich zur Jagd oder zur Kriegsführung zusammenfinden konnte.

Die Nez Percé bewohnten mit Matten bedeckte Langhäuser, wie sie bei den Plateau-Indianern üblich waren. Solche Häuser konnten eine Länge von bis zu dreißig Metern haben. Auf Reisen und bei der Jagd verwendeten sie konische Zelte.

Als die Nez Percé durch die Expedition von Lewis und Clark erstmals in Kontakt mit Amerikanern kamen, waren sie mit sechstausend Stammesangehörigen die größte Gruppierung auf dem Plateau. Heute leben die Nez Percé in ihrer Reservation im US-Bundesstaat Idaho. Insgesamt gibt es noch 2700 Nez Percé. Aufgrund des 1855 geschlossenen Vertrages von Walla-Walla konnten sich die Nez Percé zumindest das Recht sichern, auch außerhalb ihrer Reservation auf die Jagd zu gehen. Ebenso konnten sie sich ein Mitbestimmungsrecht bei Entscheidungen über die Bodenschätzen, dem Holz und dem Wasser jenes Landes sichern, das sie in den Jahren 1855 bis 1863 an die US-Regierung abtraten. Dafür erhielt der Stamm einen Teil des Wallowa Valley in Oregon zurück, das ihm viel bedeutete. Kurze Zeit später wurde das zurückgegebene Land jedoch von Pionieren überflutet, so dass die Nez Percé an den US-Präsidenten Ulysses S. Grant herantraten, der die Besiedlung untersagte. Als im Wallowa Valley jedoch Gold gefunden wurde, widerrief er den Erlass kurzerhand.

Die „Fünf Zivilisierten Stämme"

Weit entfernt von den Geschehnissen der Expedition von Lewis und Clarke und den ersten Kontakten zwischen Indianern und Amerikanern im Westen, im Südosten des Kontinents, stießen schon die frühen Kolonisten des 17. Jahrhunderts auf die sogenannten „Fünf zivilisierten Stämme", die in jeglicher Hinsicht besonders waren. Zu ihnen zählten die Seminolen, Cherokee, Chickasaw, Muskogee und Choctaw. Bei ihnen handelte es sich um bereits stark angepasste Stämme. Sie hatten bis zur ersten Hälfte des 19. Jahrhunderts ein Regierungssystem mit Häuptling und Repräsentantenhaus nach US-amerikanischem Vorbild entwickelt, betrieben Landwirtschaft und Handel und hielten sogar afrikanische Sklaven. Im Folgenden werden die Cherokee exemplarisch für die fünf Stämme näher betrachtet.

Die Cherokee waren mit Abstand diejenigen Indianer, die sich am stärksten an die europäisch-amerikanische Lebensweise angepasst hatten. Im 17. Jahrhundert waren sie aus dem Bereich der Großen Seen in den Südosten der späteren Vereinigten Staaten gekommen. Die Appalachen und weite Teile der Südstaaten wurden ihr neues Stammesgebiet. Im Jahr 1817 ersetzten sie ihr Klan-System durch einen gewählten Stammesrat, schufen zwei Jahre später eine eigene Verfassung, die an die amerikanische angelehnt war, etablierten ein Gerichtssystem und bauten Schulen. Ihr Staat verfügte über zwei Abgeordnetenkammern, eigene Zivil- und Strafgesetze sowie ein Oberstes Gericht. Im Gegensatz zu den meisten anderen Indianern entwickelten sie sogar eine eigene Schrift.

Die oberste Führung der Cherokee teilten sich drei Personen: ein Friedenshäuptling, ein Kriegshäuptling und ein Schamane. Niemals hatte eine einzelne Person die gesamte Macht über den Stamm. Dem Friedenshäuptling kamen fast ausschließlich repräsentative Funktionen zu, der Kriegshäuptling durfte nur dann in den Krieg ziehen, wenn sich eine Mehrheit der zwei Kammern dafür entschied, und die Schamanen waren an alte Traditionen und Kulte gebunden. Der Kriegshäuptling wurde von den Kammern des Parlaments vorgeschlagen und vom Friedenshäuptling eingesetzt. Jedoch war Krieg bei den Cherokee ohnehin keine Notwendigkeit. In diesem Punkt unterschieden sie sich deutlich von den Stämmen der Plains. Die Cherokee verurteilten den Krieg als verunreinigende Tätigkeit und sahen darin keinen Beweis der Männlichkeit. Kehrten die Krieger von Schlachten zurück, mussten sie zunächst in das Haus des Schamanen, um sich vom Krieg zu reinigen.

Schon früh, im ausgehenden 17. Jahrhundert, hatten die Cherokee Kontakt zu den englischen Kolonisten. Im Laufe der Zeit bildeten sich ein loses Handelsnetz und wirtschaftliche Beziehungen zwischen ihnen und Virginia sowie South Carolina. Diese Verbindungen verhinderten Feindseligkeiten. Erst zu Beginn des 18. Jahrhundert wurden die Cherokee in die Ränkespiele der Kolonisten gezogen, als diese die Tuskarora vertreiben wollten. Die Cherokee, die seit langer Zeit mit den Tuskarora verfeindet waren, unterstützten die englischen Siedler bei ihrem Feldzug. Zwischen 1711 und 1715 wütete der *Tuskarora-Krieg*, der mit einem Sieg der Engländer endete. Tausende Tuskarora wurden versklavt, die Überlebenden flohen zu den Irokesen in den Norden. Die Engländer dankten den Cherokee ihre Unterstützung – die gemeinsame Kriegsführung stärkte das

Bündnis. Auch gegen die Creek standen die Cherokee auf der Seite der Engländer.

Das Bündnis zwischen den Cherokee und den Kolonisten war so eng, dass 1730 eine Delegation der Cherokee nach London reiste, um dort König George II. zu treffen. Beide Seiten schlossen einen Beistandspakt. Im Unabhängigkeitskrieg kämpften die Cherokee auf Seiten der Engländer und fügten den Amerikanern herbe Verluste zu. Die Furcht der Cherokee vor der Rache der siegreichen und dann unabhängigen Amerikaner bestätigte sich, als der amerikanische Kongress 1830 den *Indian Removal Act* beschloss.

Der Pfad der Tränen

War in den Jahrhunderten nach der Entdeckung Nordamerikas die Siedlungsgrenze verhältnismäßig langsam vom Atlantik aus in das Land der Indianer vorgeschoben worden, so beschleunigten die Gründung der Vereinigten Staaten und der *Louisiana Purchase* von 1803 den Prozess erheblich. Mit der Verschiebung der Siedlungsgrenze gen Westen verschob sich auch die sogenannte *Permanent Indian Frontier,* und die Indianer wurden immer weiter zurückgedrängt.

In den 1830er Jahren sah die amerikanische Politik noch vor, die Great Plains den Indianern zu überlassen. Die endlosen Prärien schienen für eine Besiedelung nicht geeignet und zudem unfruchtbar. Präsident Jeffersons ursprüngliches Vorhaben, die Indianer in der amerikanischen Kultur aufgehen zu lassen, wurden von seinen Amtsnachfolgern nicht weiterverfolgt. In der Washingtoner Politik festigte sich vielmehr die Auffassung, dass alle Indianerstämme, die östlich des Mississippi lebten, weichen und in die Great Plains umgesiedelt werden sollten. Der von vielen Indianern noch heute als *The Devil* bezeichnete Andrew Jackson – 7. Präsident der USA (1829–37) – gab dieser Bewegung ein Gesicht. Er war es, der die Massendeportationen in die Tat umsetzte.

Vor seiner Präsidentschaft hatte er als General bereits mehrfach gegen verschiedene Indianerstämme gekämpft. Er respektierte weder deren Kultur noch Lebensweise und sah verächtlich auf jeden Indianer hinab. In seiner Vorstellung sollten sie den Weißen weichen, damit diese ihre Bestimmung erfüllen und den Westen besiedeln konnten.

Kaum im Amt, gab Jackson sein Vorhaben, die restlichen östlichen Indianer zu deportieren, bekannt. Dies betraf vor allem die „Fünf zivilisierten Stämme" der Cherokee, Chickasaw, Choctaw, Seminolen und Muskogee, auch Creek genannt. Jacksons Vorhaben polarisierte: Er fand Zustimmung für sein Vorhaben, doch erhoben sich auch Stimmen gegen die Zwangsumsiedlung der Indianer. Auch im Kongress entbrannte eine Diskussion. Schließlich wurde mit einer Stimme Mehrheit im Mai 1830 der *Indian Removal Act* verabschiedet. Damit erhielt Jackson Vollmacht, mit den innerhalb der existierenden Bundesstaaten lebenden Indianern zu verhandeln.

Die Indianer sollten ihr angestammtes Land gegen ein Stück neues Land jenseits des Mississippi tauschen. Dort reservierten die USA einen kleinen Teil des *Louisiana Purchase* als Indianerreservat für alle Stämme. Doch auch dieses *Indian Territory* wurde den Indianern schließlich genommen, als es 1899 für die Besiedlung freigegeben und zum US-Bundesstaat Oklahoma wurde.

Jackson trat mit den Choctaw in Verbindung. Diese weigerten sich, ihr Land zu verlassen. Doch Jackson war nicht gekommen, um zu verhandeln, und so ließ er die Indianer mit Gewalt

Gewaltsam wurden die östlich des Mississippi lebenden Stämme in die Reservationen im Indianer-Territorium getrieben. Auf diesem Pfad der Tränen starben viele an Krankheit und Altersschwäche.

umsiedeln. Die Choctaw sollten 1831 als erste in einem „Modell-versuch" umgesiedelt werden. Ein Jahr später, 1832, traf es die Seminolen, 1834 die Creek, 1837 die Chickasaw und schließlich 1838 die Cherokee, die ursprünglich auf dem Gebiet der heutigen Staaten North und South Carolina, Georgia, Tennessee und Alabama gelebt hatten.

Sämtliche Stämme widersetzten sich dem Gebot der Amerikaner. Der Widerstand der Seminolen jedoch erreichte eine neue Qualität. Sie weigerten sich, den *Vertrag von Payne's Landing* aus dem Jahr 1832 anzuerkennen, der ihre Umsiedlung regeln sollte, und verwickelten die USA in einen Krieg, der als *Zweiter Seminolenkrieg* bekannt wurde. Er entwickelte sich für die USA zum teuersten Indianerkrieg und war zugleich der längste Krieg zwischen dem Unabhängigkeits- und dem Vietnamkrieg. Von 1835 bis 1842 führten die Seminolen unter Führung der Häuptlinge Micanopy und Osceola einen erfolgreichen Guerillakrieg gegen Siedler und Soldaten. Zunächst erlitten die Amerikaner schwere Niederlagen, so dass viele Soldaten desertierten und die Moral geschwächt war. Doch als Osceola 1837 während einer Waffenstillstandsverhandlung gefangen genommen wurde, änderte sich die Situation. Osceola starb in Gefangenschaft an Malaria, so dass die Seminolen ohne ihren Anführer moralisch geschwächt waren. Die Amerikaner änderten, von Guerillaangriffen zermürbt, 1840 ihre Taktik und vermieden nun auch ihrerseits offenen Feindkontakt. Sie überfielen Vorratslager der Seminolen und zwangen diese damit im Ergebnis zur Aufgabe. 1842 legten die letzten hundert Seminolen ihre Waffen nieder.

Die 1838 durchgeführte Deportation der Cherokee in das Indianer-Territorium ging als *Trail of Tears* (Pfad der Tränen) in die Geschichte ein. Die US-Regierung setzte den Cherokee eine Frist, so dass diese bis Mai 1838 ihrer Umsiedlung zustimmen konnten. Die Cherokee ließen die Frist verstreichen, wollten sie doch auf ihrem angestammten Land bleiben. Im Oktober 1838 wurden 14 000 Cherokee von etwa 7000 Soldaten umstellt und aus ihren Häuser getrieben. Zusammen mit anderen Indianern der zivilisierten Stämme wurden sie zunächst in ein Überwachungslager gebracht. Viele starben bereits in diesem Lager an Krankheiten, Hunger und Kälte. John Ross, der oberste Häuptling der Cherokee, beschloss gegen das Gesetz vorzugehen. Vergeblich versuchte er vor dem Obersten Gerichtshof die Vertreibung seines Volkes zu verhindern.

Bewacht von Bundestruppen, mussten die Cherokee von ihrem Land in Georgia zweitausend Kilometer nach Westen bis in die Nähe von Tahlequah im heutigen Oklahoma ziehen. Sechs Monate quälten sie sich zu Fuß in die vorgesehene Reservation im *Indian Territory*. Viertausend Cherokee kamen dabei ums Leben – verhungerten, erfroren, starben an Erschöpfung oder einer Krankheit. In den ihnen zugewiesenen Gebieten fanden die Überlebenden wenig Weideland und zum großen Teil unfruchtbare Böden vor. Einige Cherokee entkamen der Deportation und flüchteten in die Berge von North Carolina. 1889 bekamen sie die *Qualla Indian Reservation* als neue Heimat zugesprochen.

Einige Stämme wanderten den weiten Weg in ihr Land zurück – um abermals in die Reservation gezwungen zu werden. Im Indianer-Territorium entstanden neue Probleme, da die Indianer es nicht gewohnt waren, auf engem Raum mit anderen Stämmen, anderen Kulturen und Lebensweisen zusammenzuleben. So kam es untereinander zu Auseinandersetzungen. Neue klimatische und landschaftliche Gegebenheiten stellten die Deportierten vor schwerwiegende Probleme. Gerade die fünf zivilisierten Stämme waren sesshaft geworden und hatten Landwirtschaft sowie Handel getrieben. Die neue Situation in der Reservation überforderte sie. Weder sie noch die dorthin deportierten Prärie-Indianer konnten sich rasch auf die neue Lebenssituation einstellen.

Black Hawk War

Nicht nur die im südlichen Waldland ansässigen „Fünf zivilisierten Stämme" waren von den Umsiedlungen betroffen, auch die letzten Stämme des Nordostens wurden in das Indianer-Territorium gebracht. Sie waren zahlenmäßig kleiner und lebten verstreuter, so dass die Deportation in kleineren Einheiten erfolgte. Die Shawnee, Ottawa, Fox, Potawatomi und Sauk wurden ebenfalls in das Indianer-Territorium umgesiedelt. Doch auch unter ihnen gab es Gruppen, die sich widersetzten. Black Hawk, ein Häuptling der Sauk, führte 1832 eine Gruppe von Sauk und Fox in ihr angestammtes Land in Illinois zurück. Das löste den *Black Hawk War* aus, der von der US-Army gewonnen wurde. Er war der letzte Indianerkrieg östlich des Mississippi.

Black Hawk, der in seiner eigenen Sprache *Makataimeshekiakiak*, Schwarzer Falke, hieß, war ein Häuptling der eng miteinander verwandten Sauk und Fox, die zur großen Sprachfamilie der Algonkin gehören. Er wurde 1767 im heutigen Rock River, Illinois geboren und folgte im Jahr 1788 seinem Vater als Häuptling nach. Die anderen Häuptlinge der Sauk und Fox verkauften ihr Land im Jahr 1804 an die Vereinigten Staaten, was Black Hawk tatenlos mit ansehen musste. Er verstand den Landverkauf nicht, vermutete vielmehr, dass die Häuptlinge betrunken gewesen seien und so vom amerikanischen Unterhändler, dem Gouverneur des Indianer-Territoriums, General Harrison, getäuscht werden konnten. Der Vertrag beinhaltete die Klausel, dass die Sauk und Fox solange auf ihrem Land bleiben konnte, bis es von den Amerikanern besiedelt werden sollte, dann sollten sie ins Indianer-Territorium umsiedeln. Diese Landabtretungen radikalisierten ihn so sehr, dass er im Krieg von 1812 im Rang eines Generals auf britischer Seite gegen die Amerikaner kämpfte.

Das Land der Sauk und Fox wurde 1809 Teil des neuen Illinois-Territoriums und 1818 des Staates Illinois. Ende der 1820er Jahre beschloss die amerikanische Regierung, das Gebiet der Sauk und Fox nun zu besiedeln. Sie beriefen sich auf den Vertrag und verlangten, dass die Indianer in das für sie vorgesehene Gebiet im Indianer-Territorium ziehen, um Platz für die neuen Siedler zu machen. Im Mai 1828 wurden sie von Thomas Forsyth, dem zuständigen Indianeragenten, über die nächsten Schritte informiert. Es entbrannte nun eine heftige Diskussion – einige Häuptlinge bestritten, jemals einen solchen Vertrag unterschrieben zu haben, andere fürchteten sich vor den Amerikanern, so dass im Herbst 1829 alle Sauk und Fox auf die andere Seite des Mississippi ins heutige Iowa flüchteten.

Häuptling Black Hawk kehrte jedoch bereits 1830 mit einigen Kriegern in das angestammte Gebiet zurück. Daraufhin brach eine Massenpanik unter den neuen Siedlern aus, die sich vor Black Hawk fürchteten. Vor dem Vertreter der Vereinigten Staaten pochte Black Hawk auf das vertraglich zugesicherte Recht, da noch nicht alles Land von den Amerikanern besiedelt worden war und er mit seinen Männern dort bleiben wollte. John Reynolds, der Gouverneur von Illinois, betrachtete Black Hawks Rückkehr jedoch als Invasion der Indianer in sein Land. Er rief eine Miliz zusammen, die sich schwor, die Indianer „tot oder lebendig" über den Mississippi zu treiben, damit in Illinois wieder Ruhe einkehrte. Reynolds wurde die Unterstützung der Armee zugesichert, sollten die Verhandlungen mit Black Hawk scheitern. General Gaines traf sich im Juni 1831 mit allen Häuptlingen der Sauk und Fox, die erklärten, westlich des Mississippi bleiben zu wollen und die noch östlich des Flusses lebenden Stammesmitglieder hinüberzubringen.

Black Hawk fühlte sich von seinen Stammesbrüdern allein gelassen und suchte nun bei den benachbarten Winnebago und den Kickapoo Unterstützung. Doch er musste erkennen, dass er gegen die geballte Macht von Miliz und Armee keine Chance hatte. Er gab auf und zog mit seinen Kriegern im Juni 1831 über den Mississippi.

Doch nur wenige Monate später eskalierte die angespannte Situation. Die Sauk erhielten eine Einladung von White Cloud, einem Medizinmann der Winnebago, woraufhin Black Hawk am 6. April 1832 abermals den Mississippi überschritt und mit insgesamt vierhundert Mann in friedlicher Absicht nach Illinois zog, um der Einladung zu folgen. Regierungsvertreter sahen darin eine eindeutige Provokation, auch wussten sie weder von der Einladung noch von dem Vorhaben Black Hawks und befürchteten eine neuerliche Invasion. Es kam zu einer ersten Auseinandersetzung, während der ein enger Vertrauter Black Hawks erschossen wurde. Dieser Vorfall löste eine Spirale der Gewalt aus. Black Hawk verstand nicht, wie die Amerikaner einen der seinen erschießen konnten, waren sie doch in friedlicher Absicht gekommen. Er schwor Rache.

In den folgenden Wochen lieferte er sich mehrere blutige Gefechte mit Miliz und Armee. Am 2. August 1832 wurden seine Krieger von der Miliz besiegt. Black Hawk selbst wurde am 27. August 1832 gefangen genommen und ein Jahr lang gefangen gehalten. Während dieser Zeit schlossen Vertreter der Vereinigten Staaten mit Vertretern der Sauk einen endgültigen Pakt, in dem die Indianer ihr Land in Illinois ein für alle Mal gegen eine einmalige Zahlung von 640 000 Dollar abtraten. Ironie der Geschichte – dieser Landverkauf als *Black Hawk Purchase* bekannt.

Dakota War of 1862

Mit dem Goldrausch in Kalifornien 1848/49 – Allegorie der *Manifest Destiny*, der von Gott gewollten Besiedlung des Kontinents durch die Amerikaner – und den seit Anfang der 1840er Jahre einsetzenden Wagentrecks erhielt die Westexpansion der Amerikaner eine neue Qualität. Für die Indianer westlich des Mississippi hatte das wiederum ein neue Situation zur Folge. Bislang waren sie nur vereinzelt mit Trappern, Pelzhändlern und Reisenden in Kontakt gekommen, doch nun durchzogen

Siedler, Landspekulanten und Soldaten ihr Land. Was zuvor den Stämmen an der Atlantikküste widerfahren war, drohte nun auch den Prärie-Indianern.

Im Zuge der Westexpansion wurden in dieser Phase die Miwok, Yokut, Ute, Modoc, Schoschonen, Paiute und Navajo unterworfen und in die vorgesehenen Reservationen gedrängt. Doch die dortige Situation war keine echte Alternative zum Leben in Freiheit auf den Prärien. Armut, Kriminalität und Hunger griffen um sich. Das indianische Selbstbewusstsein zerbrach.

Im *Vertrag von Medota* vom 5. August 1851 zwischen den Dakota-Sioux und der amerikanischen Regierung verkauften die Indianer einen Großteil ihres Landes, zogen in einen schma-

Der Vertrag von Fort Laramie wurde am 6. November 1868 unterzeichnet. Er sprach das nahezu vollständige Gebiet des heutigen South Dakota den Sioux zu. Wenig später wurde dort Gold gefunden.

len Streifen am Minnesota River, der fortan das Reservat bildete, und erhielten im Gegenzug Zahlungen und Lebensmittel. Jedoch wurde Artikel 3 während der Ratifizierung vom Kongress aus dem Vertrag gestrichen, so dass große Teile der versprochenen Lieferungen ausblieben.

Wenig später trafen mehr als 10 000 Vertreter der Lakota, Arapaho, Crow, Cheyenne, Schoschonen, Assiniboin, Mandan, Hidatsa, Arikara und weiterer Stämme mit Vertretern der amerikanischen Regierung am Horse Creek in der Nähe des bedeutenden Außenpostens Fort Laramie zusammen. Beide Seiten verhandelten, wie in Zukunft miteinander umgegangen werden sollte und schlossen am 17. September 1851 den *Vertrag von Fort Laramie*.

Zu diesem Zeitpunkt sah die US-Regierung die Great Plains als wertloses Land an. Sie versprach daher den Indianern die Kontrolle über dieses Territorium, das die geographische Mitte der verschiedenen Indianergebiete darstellte. Die Indianer sollten „so lange, wie die Flüsse fließen und die Adler fliegen", ihre Gebiete behalten. Ihrerseits versprachen die Indianer für eine jährliche Zahlung von 50 000 Dollar den Siedlern freien und sicheren Durchzug durch ihr Gebiet. Das sollte für die nächsten fünfzig Jahre gelten. Der Senat ratifizierte den Vertrag und fügte einen weiteren Paragraphen hinzu, der die fünfzig Jahre auf zehn reduzierte, wenn die Stämme zustimmten. Das taten alle bis auf die Crow. Vertraglich hatten sich die Indianer ihr Land damit zunächst gesichert, und auch die Regierung schien ihr Ziel zunächst erreicht zu haben. Auf den Vertragsschluss folgte eine kurze Zeit des Friedens. Allerdings unterstützten die Indianer mit dem Vertrag ungewollt auch weitere Siedlerströme. Immerhin konnten die Lakota so erwirken, dass weite Teile des heutigen US-Bundesstaates South Dakota ihr Eigentum blieben.

Das Abkommen wurde den Lakota indessen schnell zum Verhängnis. Die durch das Land der Lakota ziehenden Siedler brachten Krankheiten mit, vertrieben die Bisons und gerieten immer wieder in bewaffnete Konflikte mit den Indianern. Doch gab es auch positive Beispiele. Einige Indianer richteten Fähren über die Ströme des Westens ein und verlangten für die Passage Geld von den Siedlern, denen sie damit die Überquerung reißender Flüsse erleichterten.

Zu einem ersten größeren Konflikt kam es 1854, als ein Lakota die Kuh eines weißen Siedlers tötete, die in einem Lager der Lakota großen Schaden angerichtet hatte. Unter den Lakota wusste niemand, wem die Kuh gehört hatte, zudem war sie weder geraubt noch vorsätzlich getötet worden. Der Besitzer der Kuh klagte die Lakota allerdings vor dem Kommandeur von Fort Laramie an. Dieser schickte Lieutenant John L. Grattan los, um von Conquering Bear, dem Häuptling des Lagers, die Auslieferung des Schuldigen und „Mörders" zu verlangen.

Conquering Bear konnte den Angeschuldigten nicht ausliefern, da er nicht zu seinen Kriegern zählte. In der Folge kam es daher zum Streit zwischen Grattan und Conquering Bear, der danach von einem Soldaten in den Rücken geschossen und tödlich verletzt wurde. Sofort eskalierte die Situation. Die aufgebrachten Lakota verstanden die Haltung der Weißen ohnehin nicht und wüteten brutal unter den Soldaten. Keiner aus dem Kommando von Grattan überlebte.

Die friedliche Zeit war damit vorbei. Immer wieder attackierten die Lakota die nach Westen ziehenden Siedler in der Hoffnung, dass diese wieder verschwinden. Und in den Köpfen der Siedler, die teilweise naiv daran glaubten, in unbesiedeltes Land zu ziehen und dort in Freiheit leben zu können, verfestigte sich das Bild der grausamen und blutrünstigen Indianer, die ihnen den Traum von Freiheit und Natur verwehrten.

Die US-Regierung ließ daher ein Jahr später mit Fort Pierre einen weiteren Militärposten am Missouri errichten, um so die Gewalt zu beenden. General William S. Harney attackierte am 3. September das Dorf von Häuptling Little Thunder, das jedoch nicht am Kampf mit Grattans Kommandotruppe beteiligt gewesen war. Dabei starben sechsundachtzig Brulé-Lakota, siebzig weitere wurden gefangen genommen. Weitere Strafexpeditionen der Amerikaner folgten und kosteten viele Menschenleben, bis der Häuptling der Minneconjou, One Horn, 1856 jenen Krieger nach Fort Pierre auslieferte, der die Kuh getötet hatte.

Als Minnesota am 11. Mai 1858 zum US-Bundesstaat wurde, reisten einige Vertreter der Dakota verunsichert nach Washington, um mit dem amerikanischen Präsidenten zu sprechen. Sie wollten nachdrücklich auf die bestehenden Verträge verweisen. Zudem sollten die Siedler nicht weiter in das Gebiet der Sioux vordringen. Diese schreckten nämlich nicht davor zurück, dort auf die Jagd zu gehen und den Bestand an Büffeln, Elchen, Bären und Hirschen zu dezimieren. Die Sioux wurden dadurch empfindlich in ihrer Lebensweise gestört. Doch die Regierung lieh dem Anliegen kein offenes Ohr. Frustriert kehrte die Delegation in den Westen zurück.

Unter den Indianern verbreitete sich Unmut über das Vorgehen der Weißen, der bis in den Sommer 1862 hinein zunahm. Im August 1862 blieben wieder einmal die versprochenen Versorgungslieferungen aus. Unter den Sioux im Reservat brach eine große Hungersnot aus. Es mehrten sich die Stimmen, die einen Aufstand gegen die Weißen propagierten. Da die Amerikaner sich offensichtlich nicht an den Vertrag hielten, beschlossen die Sioux, sich fortan auch nicht mehr daran zu halten. Sie brachen aus dem Reservat aus und begannen nun, gegen die Siedler am Minnesota River Krieg zu führen – ob sie an dem Streit beteiligt waren oder nicht. Der Ärger der Indianer richtete sich damit auch gegen die deutschen Siedler in New Ulm. Weder Beinhorn, der Gründer New Ulms, noch die anderen Bewohner der Stadt konnten die schrecklichen Ereignisse voraussahnen, die sich ab 1862 um New Ulm zutragen würden.

Häuptling *Taoyateduta* (Little Crow) sah im Aufstand der Sioux die einzige Möglichkeit, weiter in Frieden leben zu können. Nur wenn die Siedlungen der Weißen zerstört und niedergebrannt würden, schreckten sie vielleicht davor zurück, weiter in das Gebiet der Sioux vorzudringen, um sich dort niederzulassen und die Büffel zu jagen. Verhandlungen und Verträge brachten nichts – Little Crow wollte die Siedler erschrecken und vertreiben. Er hatte zunächst zwei Ziele ins Auge gefasst, die den Jagdgründen der Sioux am nächsten lagen: Fort Ridgely und New Ulm – auch wenn die deutschen Siedler und die Sioux bislang in Frieden miteinander lebten.

Die Auseinandersetzung, bekannt geworden als *Erster Aufstand der Sioux* oder als *Dakota War of 1862*, begann am 17. August des Jahres. Vier Dakota-Krieger waren auf der Suche nach Nahrung, als sie an fünf Siedler gerieten. Aufgrund der aufgestauten Wut eskalierte die Situation schnell. Die Spirale der Gewalt begann sich einmal mehr zu drehen. Die vier Dakota ermordeten die Siedler – dabei ahnten sie genau wie ihre Stammesgenossen nicht, dass die versprochenen Nahrungslieferungen mittlerweile auf dem Weg in die Reservation waren.

Die Gemüter der Dakota waren erhitzt. Besonnene Stimmen wurden als feige zurückgewiesen. Die Dakota überfielen den Amtssitz der Indianerbehörde und zogen am nächsten Tag weiter in Richtung New Ulm. Sie waren entschlossen, die Weißen von ihrem Gebiet zu verdrängen.

Ein neuerlicher Zwischenfall am 18. August 1862 ließ die Situation eskalieren. An diesem Tag brach ein Rekrutierungskommando der Nordstaatentruppen, die sich mittlerweile im

Bürgerkrieg gegen den Süden befanden, aus New Ulm auf. Unterwegs wurde er von einer Gruppe Sioux angegriffen. Die Überlebenden machten kehrt und hetzten nach New Ulm zurück. Dort warnten sie die deutschen Siedler vor einem möglichen Angriff der Sioux. Die Nachricht, dass die Sioux die Stadt überfallen könnten, verbreitete sich durch New Ulm wie Lauffeuer. Schnell errichteten die Männer Barrikaden und Hinterhalte, um die Stadt besser verteidigen zu können.

Am Morgen des 19. August 1862 griffen die Sioux mit hundert Kriegern unter der Führung von Häuptling Little Crow die deutsche Siedlung New Ulm an – aus Rache und Vergeltung dafür, wie sie von den Weißen bislang behandelt worden waren. Die Siedler eröffneten ihrerseits das Feuer. Später am Tag beendete ein aufkommender Wirbelsturm das Kampfgeschehen. Sechs Siedler wurden getötet, fünf verwundet. Die Siedler von New Ulm waren noch einmal davongekommen.

Doch die Wut der Sioux kannte keine Grenzen, zu lange waren sie gedemütigt worden. Sie trieben ihre Pferde in Richtung Fort Ridgely, das sie vom 20. bis 22. August belagerten und ständig angriffen. Doch konnten sie das Fort ebenso wenig erobern wie Tage zuvor die Stadt. Nun ritten die Sioux in Windeseile zurück nach New Ulm, um die Siedlung auszulöschen. Colonel Charles Eugene Flandrau reagierte schnell und versammelte dreihundert Freiwillige aus der Region als Miliz unter seinem Kommando. Sie eilten den Siedlern von New Ulm zu Hilfe, die sich mittlerweile in der Hauptstraße von New Ulm verbarrikadiert hatten.

Am 23. August 1862 um 9.30 Uhr erfolgte der zweite Angriff der Sioux auf New Ulm. Little Crow war überzeugt: Dieses Mal würde die Stadt fallen! Er hatte mittlerweile so viele Krieger um sich gesammelt, dass sie den Siedlern zahlenmäßig überlegen waren. Die Deutschen setzten einige ihrer Gebäude in Brand, so dass sie von den Barrikaden aus freie Schussbahn auf die Angreifer hatten. Als Colonel Flandrau eintraf, ließ er weitere Gebäude niederbrennen, um besser gegen die Sioux agieren zu können. So konnten die deutschen Siedler mit Hilfe der Soldaten die Angriffe des ersten Tages überstehen. Doch ihre Stadt war nicht mehr dieselbe. Etwa 190 Gebäude waren von eigener Hand oder durch den Angriff der Sioux niedergebrannt.

Am nächsten Morgen gingen die Kämpfe weiter, wenn auch unblutiger als tags zuvor. Am Abend stand fest, dass die Stadt evakuiert werden musste. Die Nahrungsvorräte gingen zu Ende, ebenso Munition und Verbandszeug für die Verwundeten. Flandrau fürchtete zudem, dass eine Epidemie ausbrechen könnte, wenn die Siedler und Soldaten länger in der Stadt verweilen würden. Daher verließen am 25. August 1862 in aller Frühe zweitausend Siedler unter der Obhut von hundertfünfzig Soldaten New Ulm. Auf etwa hundertfünfzig Planwangen hatten sie alles gepackt, was für sie von Bedeutung war. Sie zogen nach Mankato, das etwa dreißig Meilen weiter östlich lag. Nach anderthalb Tagen voller Angst erreichten die Flüchtigen ihr Ziel und waren in Sicherheit.

Präsident Abraham Lincoln (amtierte 1861–65) entsandte nun John Pope, einen Generalmajor, den er vom Bürgerkrieg abzog, nach Westen. Er sollte die Dakota besiegen und für Frieden in Minnesota sorgen. Pope konnte den Aufstand der Sioux zusammen mit Oberst Henry Sibly, einem vormaligen Gouverneur Minnesotas, binnen der nächsten Wochen niederschlagen. Zur entscheidenden Schlacht kam es am 23. September am Wood Lake. Häuptling Litte Crow konnte zu den Lakota fliehen, doch zweitausend seiner Krieger mussten sich den Amerikanern ergeben. 392 wurden vor Gericht gestellt, 307 zum Tode verurteilt. Entsetzt über das Blutvergießen und die Todesurteile reiste Bischof Henry B. Whipple den weiten Weg von Minnesota nach Washington, um mit Präsident Lincoln zu sprechen. Whipple erreichte sein Ziel, und Lincoln ließ Gnade walten. Der Präsident verwandelte die meisten Todesurteile in Haftstrafen. Er ließ lediglich 38 Todesurteile – in Fällen, wo Vergewaltigung oder Mord nachgewiesen werden konnten – vollstrecken. Am 26. Dezember 1862 wurden die 38 Dakota in der größten Massenexekution der US-amerikanischen Geschichte öffentlich gehängt.

Auch Little Crow fand bald den Tod, obwohl es ihm gelungen war, sich bis zu den Lakota durchzuschlagen und vor der Armee zu fliehen. Am 3. Juli 1863 wurde er zusammen mit seinem Sohn auf einem Stück Land entdeckt, das dem Farmer Nathan Lampson gehörte. Dort pflückten die beiden Indianer Beeren, um sich von diesen zu ernähren. Doch Lampson und sein Sohn hatten eine andere Rechtsauffassung. Gehörten die Beeresfelder doch ihnen und waren nicht nur einfach ein Teil der Natur, wie Little Crow es annahm. Die Farmer eröffneten das Feuer und verletzten Little Crow tödlich, während sein Sohn fliehen konnte. Erst später stellten die Siedler fest, dass es sich bei dem Toten um Little Crow handelte.

In der Folge des Aufstands entschied die amerikanische Regierung, sämtliche Verträge mit den Dakota für nichtig zu erklären. Zudem setzte der Staat Minnesota ein Kopfgeld von fünfundzwanzig Dollar für jeden Skalp eines frei angetroffenen Dakota aus, die nun in ihrem eigenen Land ihres Lebens nicht mehr sicher waren.

Der lange Marsch der Navajo

Amerikanische und europäische Siedler zogen in den 1840er Jahren verstärkt nach Oregon an der Nordwestküste wie auch nach Kalifornien, um sich dort niederzulassen. Mit der Besiedlung dieser beiden Gebiete ging die Verdrängung der dort lebenden Indianer einher. Die Amerikaner rechtfertigten die vollständige Besiedlung des Kontinents mit dem von dem Journalisten John Louis O'Sullivan im Jahr 1845 geprägten Schlagwort von der *Manifest Destiny* („offenbare Bestimmung"), der von Gott gewollten Besiedlung. Der Kontinent gehörte ihnen und nicht den „unzivilisierten" Indianern, die lediglich ein Hindernis darstellten.

Die Westexpansion der Amerikaner war in den 1860er so weit fortgeschritten, dass die Siedlungsgrenze nun Regionen durchzog, die Spanien oder Mexiko gehörten. Die dort lebenden Indianer hatten ihren Erstkontakt mit den Europäern bereits etwa dreihundert zuvor gehabt. Die unter dem Namen Navajo bekannten Diné, ursprünglich mit den Apatschen verwandt, hatten von den Spaniern Ackerbau und Schafzucht übernommen und waren sesshaft geworden.

Die Navajo hatten vom Schicksal anderer Indianerstämme gehört und befürchteten ähnliches für ihr Volk, als sie den Amerikanern begegneten. Als jedoch im Jahr 1861 der Amerikanische Bürgerkrieg ausbrach, der größtenteils im Osten ausgefochten wurde und die Westexpansion zumindest vorübergehend stagnieren ließ, witterten die Navajo ihre Chance, den Amerikanern die Grenzen aufzuzeigen. Sie überfielen mexikanische und amerikanische Siedlungen, plünderten Farmen und Missionen und beraubten die Siedler, die aufgrund der unklaren politischen Situation während des Bürgerkrieges wenig Schutz hatten.

Damit provozierten die Navajos eine Reaktion der Regierung in Washington. Präsident Lincoln war fest entschlossen, auch während des Bürgerkrieges Aufstände oder rebellische Übergriffe ganz gleich welchen Indianerstammes nicht zu dulden. Er wollte mit harter Hand vorgehen und an den Navajo ein

Exempel statuieren, damit die anderen Stämme Ruhe bewahrten. Kurzerhand sollten die Navajo aus ihrem Gebiet im Grenzland der heutigen US-Bundesstaaten Arizona und New Mexico in eine Reservation am Rio Pecos gedrängt werden, in der bereits die Mescalero-Apatschen lebten.

Den Oberbefehl erhielt Brigadegeneral James Henry Carleton. Er stellte den Navajo am 23. Juli 1863 ein Ultimatum, demzufolge sich die Navajo bis zum 27. Juli freiwillig in die Reservation zurückziehen sollte. Sollten sie dies nicht tun, würden am Tag darauf die amerikanischen Truppen gegen sie vorrücken.

Der Zeitraum von vier Tagen war viel zu kurz für die Verbreitung dieser Nachricht unter den Navajo. Lediglich sechshundert Navajo fanden sich daher nach Ablauf des Ultimatums ein und ergaben sich. Die meisten anderen Stammesmitglieder erfuhren niemals von dem Ultimatum. Sie lebten verstreut in kleinen Gruppen. Als das Ultimatum ablief, gab Carleton den Befehl, alle Navajo als feindliche Indianer zu betrachten. Er gab dem ehemaligen Trapper und Westmann Kit Carson Order, mit einer totalen Kriegsführung gegen die Indianer vorzugehen. Carson ließ die Felder der Navajo verbrennen, zerstörte Dörfer, Brunnen und Hütten, beschlagnahmte das Vieh und beraubte sie so ihrer wirtschaftlichen Grundlagen.

Die Navajo waren empört und aufgebracht. Einige flohen von ihrem Land zu den Jemez oder den Apatschen und suchten dort Schutz. Andere versammelten sich, um den Amerikanern die Stirn zu bieten. Die Häuptlinge Barboncito und Delgadito scharten Krieger um sich und zogen sich daraufhin in den Canyon de Chelly im heutigen Arizona zurück, der damals als uneinnehmbar galt und seit alters ein besonderer Ort für die Navajo war.

Kit Carson spürte mit Hilfe seiner indianischen Scouts das Versteck der Navajo auf und belagerte vom 14. Januar 1864 an beide Zugänge zum Canyon. Lange Zeit trotzten die Navajo der Belagerung und kämpften darüber hinaus auch gegen Kälte und Hunger an. Letztlich gaben sie entkräftet und zermürbt auf. Sie und die restlichen Navajo wurden im Frühjahr 1864 bei Fort Canby zusammengeführt. Im März traten sie dann ihren „Langen Marsch" in die Reservation am Rio Pecos an. Eskortiert von der Armee wanderten insgesamt neuntausend Navajo in mehreren Zügen die 480 Kilometer lange Strecke zu Fuß in die Reservation Bosque Redondo. Sie erhielten lediglich einige Ochsenwagen für Alte und Kranke. Die erste Gruppe zählte zweitausendfünfhundert Menschen, von denen noch vor dem Abmarsch über hundertzwanzig und während des Zuges um die zweihundert an Hunger, Kälte oder Entkräftung starben. Ähnliche Verluste waren in den folgenden Zügen zu verzeichnen.

In der Reservation Bosque Redondo drängten sich neben den vierhundert Mescalero-Apatschen nun auch neuntausend Navajo. Das Land war karg und der Boden unfruchtbar. Die Sonne brannte unbarmherzig herab, so dass die Diné anfingen, Erdlöcher zu graben, um sich vor der Glut zu schützen. Das im Boden vorhandene Wasser war ungenießbar, das es stark alkalihaltig war. Nach drei Jahren waren bereits tausend Navajo gestorben. Viele flüchteten verzweifelt und von Hunger getrieben aus der Reservation und kehrten in ihre alte Heimat zurück. Die Situation war unhaltbar.

Daher entschied die amerikanische Regierung, am 1. Juni 1868 mit den Navajo-Häuptlingen einen Vertrag zu schließen, der es den Navajo erlaubte, in ihre Heimat zurückzukehren. Dafür verpflichteten sich die Diné, fortan in Frieden mit den Siedlern und Soldaten zu leben. Die Diné kehrten in das Gebiet rund um das berühmte Monument Valley zurück. Da Kit Carson auf seinem Feldzug Felder, Dörfer und Brunnen zerstört hatte, fanden die Heimkehrer „verbrannte Erde" vor. Nur langsam fanden sie in ihr altes Leben zurück.

Der Widerstand der Sioux

Zwischen Sioux und Siedlern entwickelte sich schnell eine hasserfüllte Beziehung, welche die Zwangsumsiedlungen und einige von der Armee verübte Massaker hervorgerufen hatten. Selbst miteinander verfeindete Indianerstämme wurden nun zu Verbündeten, da sie in den Weißen einen Feind hatten, der sie einte und gemeinsam kämpfen ließ.

Eine weitere Ursache für die Bündnisse einiger Präriestämme war die massenhafte und sinnlose Abschlachtung der Büffel durch professionelle weiße Jäger, die vor allem die Arbeiter der transkontinentalen Eisenbahn mit Fleisch versorgen sollten, und durch Schützen, die sich lediglich damit brüsten wollten, Hunderte Tiere am Tag getötet zu haben. Die riesigen Büffelherden, die wenige Jahrzehnte zuvor noch aus dreißig bis fünfzig Millionen Tieren bestanden hatten, waren – nicht zuletzt auch aufgrund der hohen Fellpreise im Osten – nun nahezu ausgelöscht. Mit dem sinnlosen Abschlachten der Büffel zerstörten die Büffeljäger die indianische Kultur und Lebensweise auf den Great Plains.

Die Lakota begannen in der Folge, weiße Siedler und ihre Dörfer zu überfallen. In den nächsten vier Jahren tobte der Indianerkrieg auf den Prärien, bis sich die Prärie-Indianer mit der Regierung am 6. November 1868 im *(2.) Vertrag von Fort Laramie* einigen konnten. Die Lakota erhielten ein großes Gebiet zwischen dem Missouri und dem Platte River, das etwa den heutigen Bundesstaat South Dakota umfasste. Darüber hinaus ließen die USA alle Außenposten innerhalb des besagten Gebietes räumen und erhielten im Gegenzug die Erlaubnis, die *Northern Pacific Railroad* durch Lakota-Gebiet zu führen. Als Ausgleich sicherten sie den Lakota jährliche Zahlungen für die nächsten dreißig Jahre zu. Das Abkommen garantierte den Lakota die für sie heiligen Black Hills sowie weiteres Land und Jagdrechte in South Dakota, Wyoming und Montana.

Der Friede währte jedoch nur sechs Jahre. 1874 unternahm Colonel George Armstrong Custer eine Expedition in die Black Hills. Einige seiner Soldaten entdeckten unterwegs Gold. Schnell verbreitete sich die Nachricht. Die ausbrechende Hysterie unter den Amerikanern, in den Black Hills gebe es Goldvorkommen, glich der des Goldrausches von 1849 in Kalifornien. Die Presse nahm die Neuigkeit begierig auf und titelte, dass die Black Hills voll von Gold seien. Glücksritter und Goldsucher strömten nun ins Land der Lakota, legten Camps und Minen an. Es kümmerte sie nicht, dass das Land den Indianern gehörte. Schon bald gab es ein Dutzend Goldgräber-Camps, deren bedeutendste die Stadt Deadwood wurde, um die sich mehrere Wildwest-Legenden ranken.

Laut dem Vertrag von Fort Laramie war die Armee vertraglich verpflichtet, die Goldsucher aus dem Land der Lakota zu vertreiben und für Ruhe zu sorgen. Die Lakota hofften auf ein Eingreifen der Amerikaner, doch im Kongress war dieser Schritt höchst umstritten. Die Mehrheit der Politiker wollte die eigenen Siedler nicht vertreiben, um die Rechte der Lakota zu schützen. Man entschloss sich, den Lakota das Land abzukaufen und forderte am 9. Dezember 1875 alle außerhalb des Reservats lebenden Lakota auf, sich bis zum 31. Januar 1876 in den Reservaten einzufinden.

Dieser Vertragsbruch seitens der Amerikaner empörte die Lakota. Sie wollten weder ihr vertraglich garantiertes Land an die Siedler abtreten, noch waren sie bereit, in ein Reservat umzusiedeln. Um Druck auf die Vereinigten Staaten auszuüben, gründete Sitting Bull, ein Medizinmann und Häuptling der Hunkpapa-Lakota, eine Allianz aus mehreren Stämmen der Prärie-Indianer. Unter seiner Führung und Crazy Horse waren sie bereit, die Amerikaner notfalls mit Gewalt aus ihrem Gebiet zu vertreiben. Die Regierung unter Präsident Ulysses S. Grant (amtierte 1869–77), dem ehemaligen Nordstaatengeneral, rechnete mit einem neuen Indianeraufstand und begann im Februar 1876 mit den Vorbereitungen für eine militärische Operation im umstrittenen Gebiet.

Crazy Horse, der in der Sprache der Lakota *Tashunka Witko*, Geheimnisvolles Pferd, hieß, war vor allem für seinen verbissenen Kampfstil, sein Charisma und seine Führungsqualitäten bekannt. Er war entschlossen, die Traditionen und Werte der Lakota zu erhalten – notfalls mit Gewalt. Bereits als junger Mann war er ein angesehener Krieger und hatte unter Häuptling Red Cloud gegen die „weißen" Siedler gekämpft. Ihm war bewusst, dass der Kampf gegen die Amerikaner ein Kampf ums Überleben war. Sollten er und Sitting Bull scheitern, würde das das Ende der bisherigen Lebensweise seines Volkes und unter Umständen sogar dessen Untergang bedeuten.

Crazy Horse war mit einer Cheyenne verheiratet. Das nutzte er nun und konnte so im Frühsommer 1876 ein Bündnis zwischen den Lakota und den Cheyenne schmieden. Er, Sitting Bull und die anderen Häuptlinge fühlten sich nun stark genug, gegen die amerikanischen Soldaten auf ihrem Gebiet vorzugehen, die von Colonel George Armstrong Custer angeführt wurden. Am 6. Juni 1876 fand sich eine dreitausend Mann starke Streitmacht der Lakota und Cheyenne am Rosebud Creek im heutigen US-Bundesstaat Montana ein.

Zunächst vollzogen die Krieger das mittlerweile weit verbreitete Ritual des Sonnentanzes. Während der Feier tat sich

Sitting Bull als besonders tapfer hervor. Als Opfergabe brachte er sich selbst hundert Schnitte an den Armen bei. Er fiel in Trance und hatte eine Vision: In der nächsten Schlacht würden die Indianer über die Amerikaner triumphieren. Sitting Bulls Vision löste im Lager großes Selbstbewusstsein aus. Gestärkt und überzeugt von ihrem Sieg, zogen die Lakota und Cheyenne zum Little Bighorn River, wo sie ein riesiges Lager aufschlugen. Zur Allianz der beiden Stämme stießen in den nächsten Tagen dreitausend Arapaho sowie weitere Lakota und Cheyenne, die aus ihren Reservationen geflüchtet waren und lieber mit der Waffe in der Hand bei der Verteidigung ihres Landes starben, als weiterhin zu hungern und ein armseliges Leben zu fristen.

Davon, dass der Bürgerkriegsveteran General Philipp Sheridan einen Kriegsplan gegen die Lakota entworfen hatte, wussten die Indianer am Little Bighorn River nichts. Sie konnten noch nicht einmal den Ausspruch des Generals, der einmal gesagt haben soll: „Nur ein toter Indianer ist ein guter Indianer". Seinem Plan zufolge sollten drei Armeekolonnen Sitting Bull, Crazy Horse und deren Krieger in die Reservation treiben. Unter den drei Kolonnen befand sich das 7. Kavallerieregiment unter dem Befehl von Custer. Dieser brannte darauf, gegen die Indianer vorzugehen und sich dadurch Ruhm und Ehre zu verschaffen. Blind vor Ehrgeiz wollte Custer das „Indianerproblem" allein lösen und sich das damit verbundene Prestige sichern. Deshalb trieb er seine Truppen an, immer schneller vorzurücken. Die Indianer sollten nicht entkommen! Doch Custers Vorgehen wurde bitter bestraft. Statt eines amerikanischen Sieges errangen Sitting Bull und Crazy Horse an jenem Sonntag, dem 25. Juni 1876, den größten militärischen Sieg der Indianer gegen die Amerikaner. Dieses historische Ereignis ging als *Custer's Last Stand* oder *Schlacht am Little Bighorn River* in die amerikanische Geschichte ein.

Am jenem Morgen standen die vereinten Krieger von Crazy Horse und Sitting Bull bereit. Aus der Ferne wurden sie von den Kundschaftern Custers, Mitgliedern der mit ihm verbündeten Crow, beobachtet. Doch die Crow konnten weder die Größe noch sonst irgendetwas Genaueres über das Lager erkennen. Custer trieb nun die Sorge um, dass die Lakota ihn ebenfalls entdeckt haben könnten, und gab den Befehl, das Lager sofort anzugreifen. Er wollte, dass kein Indianer entkam.

Schnell gab er den Befehl, das Lager der Indianer anzugreifen. Doch die Krieger um Crazy Horse und Sitting Bull waren vorbereitet. Zudem waren sie ihren Gegnern zahlenmäßig überlegen. Custer und seine Soldaten hatten keine Chance gegen die Lakota und ihre Verbündeten. Als Custer schließlich seine Unterlegenheit einsehen musste, erklomm er die höchste Erhebung der Hügelkette am Little Bighorn River. Dort wurde er von den Häuptlingen Crazy Horse und Gall eingekesselt. Für ihn und seine über zweihundert Soldaten gab es kein Entkommen. Die Lakota fochten erbittert und waren am Ende siegreich.

Das Bild des umzingelten Custer fand als romantisierend-verklärende Heldendarstellung unter dem Titel „Custer's Last Stand" den Weg in den Osten und hielt Einzug in die Populärkultur. Der eingangs erwähnte Buffalo Bill inszenierte sich in seiner Show als Custer, der heldenhaft und umringt von feindlichen Indianern bis zu seinem eigenen Tod kämpfte.

Die Lakota hatten mit ihren Verbündeten einen wichtigen Sieg gegen die Amerikaner errungen. Doch was hatten sie damit gewonnen? Der Sieg bedeutete weder das Ende der Indianerkriege noch der amerikanischen Expansion nach Westen. Zudem rief die Niederlage unter den Soldaten, in der Politik und in Teilen der amerikanischen Bevölkerung großen Hass gegen die Lakota hervor. Präsident Grant gab seinen Generälen Philip H. Sheridan und William T. Sherman infolge des Sieges der Lakota am Little Bighorn River freie Hand, rigoros gegen die Indianer vorzugehen. Die beiden im Bürgerkrieg erprobten Offiziere, in dem sie im totalen Krieg gegen die Südstaaten eine Spur verbrannter Erde hinterlassen hatten, führten nun abermals einen totalen Krieg – gegen die Prärie-Indianer auf den Great Plains. Bewusst vernichtete die Armee die restlichen Büffelherden, zerstörte Felder und Brunnen und entzog so den Lakota die Lebensgrundlagen. Widerstandskraft und Moral der Indianer waren bald gebrochen. Die Auflösungserscheinungen seines Stammes vor Augen, floh Sitting Bull nach Kanada, stellte sich aber 1881 der Bundesbehörde.

Diejenigen Sioux, die den totalen Krieg der amerikanischen Generale überlebten, wurden in die Reservationen verschleppt. So ging Häuptling Crazy Horse 1877 in die Reservation. Dort traf er allerdings auf neue Feinde, die Häuptlinge Red Cloud und Spotted Tail, die sich lange vor ihm den Amerikanern angeschlossen hatten. Sie schürten das Gerücht, Crazy Horse plane einen neuen Aufstand, und erzählten General George Crook, Crazy Horse plane ein Attentat auf ihn. Als Crazy Horse von der Verschwörung gegen ihn erfuhr, brachte er seine kranke Frau zu ihren Eltern außerhalb des Reservats. Sein Verschwinden erklärte man sich mit dem erwarteten Aufstand. Er beabsichtigte indessen, die angespannte Situation zu beruhigen und kehrte am 5. September 1877 zurück. Als ihn mehrere Wachen festzunehmen versuchten, kam es zu einem Handgemenge, bei dem einer der Soldaten Crazy Horse mit einem Bajonett in die linke Niere stach. Noch in derselben Nacht starb er.

Prärie-Indianer

Die Sioux

Die Sioux setzen sich aus den Lakota (auch Teton-Sioux), Nakota und Dakota (auch Santee-Sioux) zusammen. Zu ihrer Sprachfamilie gehören unter anderem die Mandan, Assiniboin, Osaga, Biloxi, Catawba, Oto, Ponca und Winnebago. Sie waren Anfang des 17. Jahrhunderts noch ein kleiner und unbedeutender Stamm und wurden von ihren indianischen Feinden aus der Heimat im Osten vertrieben. Daraufhin siedelten sie sich im westlichen Wisconsin und weiter in Minnesota an. Französische Pelzhändler benutzten schließlich im 18. Jahrhundert das Wort *Sioux* für die gesamte Stammesgruppe. Schnell setzten sich die Sioux in den Ebenen und Prärien als vorherrschender Stamm durch. Das hatte einen einfachen Grund: Sie hatten Wildpferde domestiziert und waren zugleich im Besitz von Schusswaffen. Zwar gab es auch andere Stämme, die Pferde besaßen, doch hatten diese keine Schusswaffen – und umgekehrt. Die Unterstämme der Sioux im Westen verstärkten ihre Vormachtstellung weiter, indem sie gegen schwächere Stämme Krieg führten. So stiegen die Sioux zu einem mächtigen Reitervolk auf und lebten hauptsächlich von den riesigen Büffelherden, die über die Prärien zogen. Das Fleisch diente als wichtigste Nahrungsgrundlage, aber auch Fell, Leder, Knochen, Sehnen und Blasen der Tiere fanden Verwendung für Kleidung, Alltagsgegenstände, Werkzeuge und Waffen.

Im 19. Jahrhundert zählten die Sioux zu den typischen Indianern der Plains-Kultur. Ihre Lebensweise wurde zur

Grundlage des Klischeebildes von den Indianern allgemein. Sie lebten in großen, kreisförmigen Tipis, waren auf der Büffeljagd und führten ein Nomadenleben. Wenn sie von einem Lagerplatz zum nächsten zogen, transportierten sie ihre Habe auf von Pferden gezogenen *Travois*. Ihre ganze Lebensweise basierte auf der Symbiose mit den Büffeln. Beinahe alles, was sie in ihrem Alltag brauchten und verwendeten bestand aus Büffel.

Ende des 19. Jahrhunderts wurden den Sioux fünf Reservationen zugewiesen, die lediglich ein Bruchteil ihres ursprünglichen Landes umfassten. Die heute 34 000 Sioux (laut Zensus 2000) leben heute zum Großteil in der Rosebud Reservation, der Standing Rock Reservation und der Cheyenne River Reservation.

Am 20. Dezember 2007 erklärte die Freiheitsbewegung *Lakota Freedom Delegation* die Lakota als von den Vereinigten Staaten unabhängig. Sie kündigten die bislang mit der US-Regierung geschlossenen 33 Verträge auf, da weder die englischen Kolonisten noch die Amerikaner sich je an sie gehalten hätten. *Lakota Country* bemüht sich seither um internationale Anerkennung. Es umfasst Teile der Bundesstaaten Montana, Nebraska, beide Dakotas und Wyoming.

Die Cheyenne

Die Cheyenne gehören zur Sprachfamilie der Algonkin. Diese Herkunft macht deutlich, dass sie nicht immer schon auf den Prärien wohnten, sondern aus dem Osten des Kontinents stammen. Die Bezeichnung *Cheyenne* erhielten sie von den benachbarten Sioux, sie bedeutet schlicht „Volk einer anderen Sprache". Sie selbst bezeichnen sich als *Tsit-sistas*, „Volk".

Die Cheyenne waren bis Ende des 17. Jahrhunderts sess-hafte Ackerbauern und Viehzüchter und lebten in der Region des heutigen US-Bundesstaates Minnesota. Durch das Vor-dringen der Engländer begannen in dieser Zeit einige India-nerstämme nach Westen zu wandern, so auch die Cheyenne, die in Richtung Dakota und Wyoming zogen. Dort kamen sie in Besitz von Pferden, passten sich dem Leben in der Prärie an und wurden büffeljagende Nomaden.

Zu einer Spaltung der Cheyenne kam es 1832. Während ein Teil, künftig als Nördliche Cheyenne bezeichnet, im Gebiet des Bighorn River blieb, zog der andere in den Süden. Die Nördlichen Cheyenne verbündeten sich zudem mit den Sioux, während die Südlichen Cheyenne ein Bünd-nis mit den Comanchen und den Kiowa eingingen. Diese Trennung wurde im ersten Vertrag von Fort Laramie 1851 festgeschrieben.

Die Crow

Die Crow bezeichneten sich selbst in der Zeit, als sie das erste Mal Kontakt zu den Weißen hatten, als *Absarokee* (Kinder des Vogels mit dem langen Schnabel). Heute nennt sich der Stamm offiziell *Crow Nation*. Ihre Sprache gehört ebenfalls zur großen Sprachfamilie der Sioux, auch wenn sie mit den meisten Angehörigen dieser Sprachfamilie ver-feindet waren.

Die Crow hatten sie eine ähnliche Geschichte wie die Sioux, indem sie gegen 1730 mit den Pferden der Spanier in

Kontakt kamen. Dadurch änderte sich das Gleichgewicht unter den Stämmen. Sie konnten Teile der Schoschonen verdrängen und entwickelten sich zu typischen halbnomadischen Prärie-Indianern, die ihren Lebensrhythmus auf die Büffeljagd ausrichteten.

Die Crow siedelten sich auf den nordwestlichen Prärien am Fuße der Rocky Mountains an. Als immer mehr Siedler durch ihr Gebiet zogen, brachte das tiefgreifende Veränderungen mit sich. Die Indianer wurden zu Handelspartnern der Weißen und kamen so in den Besitz von Gewehren, Munition und allerlei technischen Geräte. Im Unterschied zu vielen anderen Stämmen lehnten sie Alkohol als Tauschware strikt ab. Da die Crow ein gutes Verhältnis zu den Siedlern und Trappern hatten, beschützten sie die Weißen vor Angriffen der Blackfoot und der von der kanadischen Grenze kommenden Gros Ventre.

Im Jahr 1825 schlossen die fünfzehn Häuptlinge der Berg-Absarokee, einer der beiden Untergruppen der Crow, einen Friedensvertrag mit den USA, in dem sich beide Seite ihre gegenseitige Freundschaft zusicherten. Die Fluss-Absarokee, die andere Hälfte der Crow, weigerten sich jedoch, diesen Vertrag zu unterschreiben. Sie belagerten fortan Forts und andere Außenposten und wurden so zu Feinden der Weißen.

Da die Crow sich von ihren natürlichen Feinden, den benachbarten Indianerstämmen, bedrängt sahen, suchten sie verstärkt das Bündnis mit den Amerikanern. Sie hofften so der Verdrängung zu entgehen und mit den Weißen in Frieden leben zu können. Das Bündnis ging so weit, dass Krieger der Crow als Scouts für die Armee arbeiteten. Doch ihre Freundschaft zu den Amerikanern rief bei den anderen Stämmen Hass und Missgunst hervor.

Ein Drittel der 11 000 heute noch existierenden Crow lebt in der Crow Reservation nahe der Stadt Billings im heutigen US-Bundesstaat Montana. Etwa ein Viertel davon spricht noch die alte Sprache der Crow. Im 19. Jahrhundert gehörten sie neben den Lakota und den Blackfoot zu den bedeutendsten und einflussreichsten Stämmen der nördlichen Prärien.

Das Reitervolk der Komantschen

Komantschen und Apatschen haben eine gemeinsame Geschichte der Auseinandersetzung, die bis in die Zeit der spanischen Herrschaft über den Südwesten Nordamerikas zurückreicht. Das Volk der Komantschen, das in den Bergen wohnte und vom Jagen und Sammeln lebte, hatte den Krieg stets geliebt. Als es um das Jahr 1650 mit den aus Spanien nach Nordamerika gebrachten Pferden in Berührung kam, domestizierte es diese Tiere und machte sie sich zu Nutze. Nun begann ihr Aufstieg als Reitervolk. Die Pferde wurden so bedeutsam für die Komantschen, dass sie sich nicht nur der Pferdezucht widmeten, sondern auch von Mexikanern, Amerikanern, europäischen Siedlern und anderen Indianern ganze Herden stahlen. Bald waren sie als Pferdediebe verschrien.

Etwa ein Jahrhundert später hatten sie die Ute, die Wichita und Tonkawa von den Prärien verdrängt und waren besonders gegen die Apatschen vorgegangen, die von den südlichen Prärien immer weiter in Richtung des heutigen New Mexico und Arizona zogen. Die Mescalero- und die Jicarilla-Apatschen litten besonders unter ihnen. Danach beherrschten die Komantschen weite Gebiete vom Indianer-Territorium bis zum Llano Estacado.

Die kriegerischen Erfolge der Komantschen führten zu einer Blüte des Stammes. Die Bevölkerung nahm zu, der Handel mit anderen Stämmen sowie mit französischen und amerikanischen Händlern erlebte einen Aufschwung – es gab sogar Angehörige der Schoschonen und Arapaho, die sich den Komantschen anschlossen –, und die allgemeine Versorgung war durch große Büffelherden gesichert. Um 1830 zählten die Komantschen etwa 40 000 Angehörige und waren damit der größte Stamm auf den südlichen Prärien.

Für ihren Alltag waren die Pferde unerlässlich. Die Komantschen besaßen Herden von bis zu 120 000 Tieren. In ihrem Einflussbereich lebten rund zwei Millionen Mustangs, Wildpferde, auf die sie zurückgreifen konnten. Ein besonderer Trick der Komantschen bestand darin, sich auf die eine Seite des Pferde zu hängen, um den Eindruck zu vermitteln, das Pferde habe keinen Reiter. Dieser Trick wurde durch Hollywood-Filme bekannt, wobei ihn dort auch Angehörige anderer Stämme praktizieren. Die Apatschen waren dagegen gute Läufer: Während die Komantschen laut Zeitgenossen zu Fuß eher plump und schwerfällig wirkten, waren die Apatschen leichtfüßig und ausdauernd.

Ende des 18. Jahrhunderts drängten die Komantschen weiterhin darauf, die Apatschen auf Distanz zu ihren Jagdgründen zu halten. Doch im Jahr 1786 mussten die westlichen Komantschen eine empfindliche Niederlage gegen die Apatschen einstecken. Daher suchten sie bei den Spaniern Hilfe, da das Gebiet der Komantschen in dieser Zeit zu dem von Mexiko aus regierten Neuspanien gehörte. Die Spanier machten für ein solches Bündnis zur Voraussetzung, dass die Komantschen zunächst mit den Navajo, Pueblo, Jicarilla-Apatschen und den Ute Frieden schließen. Nachdem dies geschehen war, öffneten die Spanier den Komantschen ihre Märkte in New Mexico, wo die

Indianer neben neuen Gewehren und Munition auch Mais, Bohnen, Getreide und Felle eintauschen konnten.

Der Vertrag sah auch gemeinsame oder eigenständige militärische Operationen gegen die Apatschen vor. Die Komantschen erhielten von den Spaniern für jeden Apatschenskalp eine Prämie, eingeschlossen solche von Frauen und Kinder. Die Komantschen hatten sich mit diesem Bündnis einen deutlichen Vorteil gegenüber den Apatschen verschafft.

Diese wiederum waren nun auf sich allein gestellt. Einen ähnlich starken Bündnispartner wie die Spanier gab es im Südwesten nicht. Sie zogen sich daher immer tiefer in die Berge zurück und unternahmen einzelne Raubzüge gegen Komantschen und Mexikaner, um sich ebenfalls mit modernen Waffen, Munition und Vorräten zu versorgen. Die Mescalero, die als Bewohner des Grenzgebiets zu den Komantschen am meisten unter dem Bündnis zwischen diesen und den Spaniern litten, gaben die erbeuteten Waffen an andere Apatschenstämme weiter. Je länger diese Situation andauerte, umso verzweifelter wurden die Apatschen, was zu einer Brutalisierung ihrer Raubzüge führte. Sie wichen dabei den Komantschen aus und näherten sich auf der anderen Seite immer weiter den spanisch-mexikanischen Siedlungen.

Die Spanier errichteten daher neue *Presidios*, Garnisonen, um ihre Missionen und Siedlungen vor den Apatschen zu schützen. Und sie pochten auf die Bündnistreue der Komantschen, die sich von den Spaniern gegen die Apatschen ausspielen ließen. In dieser Phase erwarben sich die Komantschen den Ruf von grausamen Kriegern, die überall auf der Prärie gefürchtet waren.

Im 19. Jahrhundert gerieten sie allerdings zwischen die Fronten. Mexiko hatte im Jahr 1820 seine Unabhängigkeit von Spanien erkämpft und sah sich nicht im Stande, seine Nordgrenze weiterhin zu sichern. Apatschen wie Komantschen fielen nun wiederholt in Mexiko ein, plünderten und brandschatzten. Als sich Texas von Mexiko lossagte sowie in den weiteren Wirren der texanischen Revolution wie auch des Mexikanisch-Amerikanischen Krieges von 1845–47 verstärkten sich die Raubzüge der Indianer in Mexiko. Diese Plünderungen waren für Mexiko so gravierend, dass es ganze Regionen aufgab.

In dieser Phase gingen Apatschen und Komantschen auf Vermittlung der Kiowa aufeinander zu. 1846 schlossen die Mescalero-Apatschen und die Komantschen in einer großen Friedenskonferenz einen dauerhaften Frieden. Beide Seiten waren nun sicher voreinander und konzentrierten ihre Raubzüge auf Mexiko.

Die neugegründete Republik Texas bemühte sich um einen Friedensvertrag mit den Komantschen, der ihnen das Weideland der für sie so wichtigen Büffel im Westen sichern sollte. Die Komantschen waren zu einem entsprechenden Frieden bereit, doch das texanische Parlament konnte sich nicht einigen. Man befürchtete, dass das Land der Komantschen einen gleichwertigen politischen Status wie ihre neue Republik bekommen würde. Lediglich die deutschen Siedler in Texas, die durch den Mainzer Adelsverein in die Neue Welt gekommen waren, schlossen einen fortwährenden Frieden mit den Komantschen. Dieser Vertrag ist der einzige Friedensvertrag zwischen Indianern und Weißen, der bis heute nicht gebrochen wurde.

Texas gehörte längst als Bundesstaat den Vereinigten Staaten an, als der amerikanische Senat 1867 mit dem *Vertrag von Medicine Lodge* die Deportation der Komantschen in die Reservation vorbereitete. Dort sollten Schulen, Kirchen und Nahrungsmittelvergabestellen entstehen. Die Komantschen sollten mit den Kiowa, Cheyenne und Arapaho in einem 13 000 Quadratmeilen großen Gebiet leben. Im Gegenzug sollten die

Komantschen 160 000 Quadratmeilen Land für die Siedler abtreten und die Büffeljäger aufhalten, die den Bestand an Büffeln immer weiter reduzierten.

Die Komantschen unterschrieben den Vertrag, mussten aber in der Folge mit ansehen, wie die Büffeljäger immer rigoroser gegen die Bisons vorgingen – Tier um Tier wurde abgeschlachtet. Daher erprobten sie 1874 unter der Führung des Medizinmannes Isa-tai (Weißer Adler) und des Häuptlings Quanah Parker den Aufstand. Sie überfielen eine Gruppe Büffeljäger, die sich fünf Tage verschanzte und so den Angriff und die folgende Belagerung der Komantschen überleben konnte, bis schließlich die Armee eingriff und die Komantschen verjagte. Diese sogenannte *2. Schlacht von Adobe Walls* führte schließlich zum *Red River War 1874/75*. Die Armee drängte die Aufständischen mit aller Gewalt zurück in die Reservation. 1875 ergab sich die letzte Gruppe der frei lebenden Komantschen unter Häuptling Quanah Parker, die in der Fort Sill Reservation im Indianer-Territorium angesiedelt wurde.

Der Aufstand der Nez Percé

Schon alte Prophezeiungen der Nez Percé kündigten die Ankunft der Weißen in Nordamerika an. Darin wird auch gesagt, welche Auswirkungen die Ankunft der Weißen auf die Nez Percé und ihre Lebensweise haben wird.

Später trafen tatsächlich die ersten Weißen auf die Nez Percé. Es waren die Männer der Expedition von Lewis und Clark. Nachdem sich beide Seiten angenähert und gegenseitiges Vertrauen aufgebaut hatten, erklärten sich die Nez Percé bereit, die Expedition durch ihr Gebiet ziehen zu lassen, und schlossen Freundschaft mit den beiden Entdeckern. Feierlich gelobten beide Seite, niemals gegeneinander Krieg zu führen. Chief Joseph, ein Häuptling der Nez Percé, behauptete einmal sogar, dass sein Stamm stolz darauf sei, mit den Amerikanern befreundet zu sein.

Beide Seiten hielten an dem Friedensabkommen fest. Seit 1811 kamen regelmäßig amerikanische Händler zu den Nez Percé und tauschten Waren. In den 1830er Jahren kamen die ersten Missionare der Presbyterianer und lebten von 1836 bis 1847 ständig unter den Nez Percé. Deren aus christlicher Nächstenliebe verstandenes Wirken hatte Einfluss auf die Lebensweise der Nez Percé – die Indianer lernten von den Missionaren Lesen und Schreiben, die westliche Medizin, legten Mühlen an und kultivierten mit modernen Methoden das Land. Im Gegenzug verboten die Missionare Schamanismus, Kriegsführung, Raubzüge und die Vielehe. Bis weit ins 20. Jahrhundert hinein blieben die Presbyterianer eine einflussreiche Stimme und politische Kraft bei den Nez Percé. Seit 1863 distanzierten die christlichen Nez Percé sich zusehends von den nicht christianisierten.

Das friedliche Verhältnis der Nez Percé zu den Amerikanern wurde schließlich doch gestört. Als immer mehr Goldsucher den Weg nach Kalifornien fanden, wo 1848 Gold gefunden worden war, durchzogen diese Glücksritter auch die Gebiete der Nez Percé. Ihnen war es egal, ob sie sich auf Indianerland befanden oder nicht. Sie suchten nach Gold, und dieses musste mit allen erdenklichen Mitteln gefunden werden. Daher kam es zu Beginn der 1850er Jahre zu Reibereien zwischen Nez Percé und Goldsuchern sowie Siedlern, die sich auf dem Gebiet der Nez Percé niederlassen wollten. Die Nez Percé, die sich nun fast siebzig Jahre an den Friedensvertrag gehalten hatten, verstanden nicht, warum es die Gegenseite nicht ebenfalls so hielt.

Immerhin tolerierten die Nez Percé, dass sich mehr und mehr Siedler in ihrem Gebiet niederließen.

Doch den Nez Percé war trotz jahrzehntelanger Freundschaft das gleiche Schicksal bestimmt wie allen anderen Stämmen. Auslöser für die ersten Spannungen war ein im Jahr 1863 vorgelegter Vertrag, in dem die Vereinigten Staaten vorschlugen, das den Nez Percé garantierte Stammesgebiet auf einen Bruchteil zu reduzieren und das Land endgültig zur Besiedlung freizugeben. Unter den Nez Percé entbrannte nun ein Disput. Ein Teil war dafür, den Vorschlag der Regierung und das kleinere Gebiet als Reservation zu akzeptieren, ein anderer war strikt dagegen. Die Nez Percé konnten sich nicht einigen, und so spalteten sie sich in zwei unterschiedliche Parteien.

Jene Nez Percé, die sich dem Vorschlag der Amerikaner widersetzten, bewohnten den südlichen Teil des ursprünglichen Stammesgebietes. Daher nannten die Amerikaner sie *Lower Nez Percé*. Zu ihnen gehörte der berühmt gewordene Chief Joseph, Wortführer und bedeutende Integrationsfigur der Nez Percé. Von ihm wurde gesagt, dass er seinem sterbenden Vater versprochen habe, das Land der Nez Percé nie zu verkaufen: „Denk immer daran, dass ich unser Land nie verkauft habe. Tue auch Du dies nicht. Denn ich werde bald neben all Deinen Vorfahren in diesem Land begraben sein. Verkaufe also niemals die sterblichen Überreste deiner Eltern!"

Da die nördlichen Nez Percé dem Vorhaben der Amerikaner zustimmten, gingen diese davon aus, nun alle Nez Percé in die vorgesehene Reservation bringen zu können. Doch darin irrten sie sich. Chief Joseph hatte einige Nez Percé um sich versammelt, die wie er entschlossen waren, nicht in die Reservation zu gehen und das Land ihrer Vorfahren zu verteidigen. Er versuchte alle Häuptlinge von seiner Haltung zu überzeugen, doch wurde sein Vorhaben von einem blutigen Zwischenfall gestört.

Der große Häuptling der Nez Percé, Chief Joseph, auf einem Foto aus dem Jahr 1903. Zu diesem Zeitpunkt lebte er bereits in der Reservation.

Ein paar junge Nez Percé waren mit Siedlern aneinandergeraten und hatten diese getötet. Das erste Blut in diesem Konflikt war geflossen – und auch hier ließ sich die Spirale der Gewalt nicht zurückdrehen. Als Chief Joseph von dem Vorfall hörte, wurde ihm klar, dass die Amerikaner nun gegen die Nez Percé vorgehen würden. An eine Umsiedlung in die Reservation oder gar – wie er gehofft hatte – an einen Verbleib im Land der Vorfahren war nun nicht mehr zu denken. Ein Krieg mit den Amerikanern aber würde den Untergang der Nez Percé bedeuten. Um den Untergang seines Volkes zu vermeiden, entschloss er sich zu einem kühnen Schritt: Er wollte sein Volk nach Kanada führen, dort wäre es vor den amerikanischen Soldaten sicher.

Chief Joseph versammelte im Juni 1877 siebenhundert gleichgesinnte Nez Percé um sich und flüchtete mit ihnen quer durch den Nordwesten in Richtung Kanada. Ein Viertel waren Krieger, die anderen Frauen, Kinder und Alte. Die Nez Percé kamen weitaus langsamer voran als etwa die Siedler, die in Ochsenwagen den Kontinent in Richtung Oregon durchquerten. Hinzu kam, dass die Gruppe der Nez Percé mehrfach von der Armee eingeholt und in Kämpfe verwickelt wurde, die auf beiden Seiten mehr als hundert Tote forderten.

Völlig entkräftet befanden sich die Nez Percé am 5. Oktober 1877 nur noch zwei Tagesritte von der kanadischen Grenze entfernt. Die Amerikanern rückten immer näher. Ein Entkommen der Nez Percé wäre nur möglich gewesen, hätten die Krieger alle Frauen, Kinder und Greise hinter sich gelassen und damit geopfert. Das kam für Chief Joseph nicht in Frage, und er entschloss sich aufzugeben. Einige seiner Krieger brannten jedoch in der Nacht nach Kanada durch und schlossen sich dem Lakota Sitting Bull an, der ebenfalls nach Kanada geflüchtet war.

Der Rest der Nez Percé wurde gefangen genommen. Sie erlebten eine zweijährige Odyssee durch mehrere Reservationen, bis sie schließlich 1879 ins Indian Territory gebracht wurden. Dort sollten sie angesiedelt werden. Allein auf dieser Odyssee starben 130 Nez Percé an Malaria. Doch auch im Indian Territory fanden die Nez Percé keine Ruhe. Zwar war Chief Joseph vor Gericht gezogen, um eine Rückkehr seines Stammes in das Reservat der Nez Percé im Westen zu erwirken, doch wurde dies nur einem kleinen Teil gestattet. 1885 wurde er gemeinsam mit den restlichen Nez Percé abermals umgesiedelt. Sie wurden nun in die Colville Reservation im späteren US-Bundesstaat Washington gebracht, die nahe dem ursprünglichen Gebiet der Nez Percé liegt. Die Rückkehr in das Land seiner Väter blieb Chief Joseph jedoch weiterhin verwehrt. Am 21. September 1904 starb er in der Colville Reservation – am gebrochenen Herzen, wie Zeitgenossen behaupteten.

Der Guerillakrieg der Apatschen

Das Leben des Apatschen-Häuptlings Cochise stand ganz im Zeichen des Widerstands. Er wurde zwischen 1810 und 1823 im Südwesten des heutigen US-Bundesstaates Arizona geboren und stieg zum Häuptling der Chokonen-Apatschen auf. In jungen Jahren wehrte er sich erfolgreich gegen die Spanier und Mexikaner, die von Mexiko aus nach Norden vordrangen. Später, als seine Heimat durch den Mexikanisch-Amerikanischen Krieg an die USA fiel, widersetzte er sich der amerikanischen Besiedlung.

Sein Krieg gegen die Vereinigten Staaten begann, als er 1861 zu Unrecht des Viehdiebstahls beschuldigt wurde. Bevor ihn der ehrgeizige US-Lieutenant George Bascom festnehmen konnte, floh Cochise. Er glaubte nicht an eine ehrliche Verhandlung vor

Gericht, sondern nur daran, dass Bascom ihn hinrichten wollte. Cochise musste nun erleben, wie ihn Bascom systematisch unter Druck setzte, indem er Teile seiner Familie gefangen nahm. Doch Cochise ließ sich davon nicht beeindrucken. Um seine Familie zu schützen, nahm er seinerseits Mitglieder von Bascoms Familie gefangen und bot sie dem Amerikaner zum Austausch an. Bascom lehnte ab. Erbost von dieser Haltung, ließ Chochise die Gefangenen töten. Bascom ließ daraufhin drei Familienmitglieder von Chochise hinrichten und nutzte den Vorfall dazu, der Öffentlichkeit die Grausamkeit der Apatschen darzustellen.

An diesem grausigen Vorfall entzündete sich ein neuer Indianerkrieg im Südwesten Nordamerikas. Cochise und Geronimo stiegen während der Kämpfe zu gefürchteten Anführern und Guerilakämpfern auf. Den Amerikanern gelang es erst 1872 durch die Vermittlung des Westmannes und Postreiters Tom Jefford, einen Friedensvertrag mit den Apatschen auszuhandeln. Der Amerikaner Jefford galt seit 1871 als Freund Cochises. Er konnte den Häuptling durch seinen Mut so sehr beeindrucken, dass Cochise – wie von Jefford gefordert – aufhörte, amerikanische Postkutschen zu überfallen.

Dieser Friedensvertrag garantierte den Chokonen-Apatschen von Cochise eine eigene Reservation. Als der Häuptling nur zwei Jahre später im Juni 1874 starb, wurde die Reservation jedoch von den Amerikanern aufgelöst, und die Chokonen-Apatschen wurden zu den anderen Apatschen in die San Carlos Reservation umgesiedelt. Hier herrschten sehr viel schlechtere Verhältnisse als in der vorigen Reservation. Die San Carlos Reservation lag in einem Wüstengebiet, weshalb dort Wassermangel herrschte. Häufig blieben die Nahrungslieferungen aus.

Der 1823 geborene Geronimo, ein Schamane der Apatschen, erlebte im Jahr 1858 eine Familientragödie, die sein Leben ver-

Geronimo, der Apatschenhäuptling, wurde zum Sinnbild des indianischen Widerstandes im Südwesten. Über Jahre führte er einen Guerillakrieg gegen die US-Armee.

änderte. Mexikanische Soldaten töteten seine Frau, seine Mutter und seine drei Kinder. Tief verletzt schwor der bislang friedliebende Geronimo, Rache an den Weißen zu nehmen. Er verbündete sich mit Cochise gegen die Mexikaner und zog fortan immer wieder durch das nördliche Mexiko, wo er Dörfer niederbrannte und unter der Bevölkerung wütete. Später kämpften beide Apatschenführer wie beschrieben gegen die Amerikaner.

Der Tod von Cochise verschärfte die Situation. Auf Empfehlung von Chosises Sohn Naiche wurde Geronimo zum Kriegshäuptling gewählt. Er setzte erneut seine Guerilla-Taktik ein und überfiel Stützpunkte der amerikanischen Armee. Die Amerikaner wollten nun – nach den Aufständen der Navajo und Apatschen – den ganzen Südwesten befrieden und verstärkten ihr Truppenkontingent. Ihr Ziel war es, die restlichen Apatschen in die Reservation zu zwingen. Doch Geronimo wich ihnen immer wieder geschickt aus und zog sich in die Berge zurück, so dass ihn die Kavallerie monatelang nicht finden konnte. Daher stellte die Armee Apatschen aus befreundeten oder befriedeten Gruppen als Kundschafter ein. Sie kannten sich in der Region gut aus, und ihnen gelang es – allerdings erst zwei Jahre später –, Geronimo und seine Krieger aufzuspüren. Nach mehreren Kämpfen wurde Geronimo gefangen genommen und in die San Carlos Reservation gebracht.

Viele von Geronimos Kriegern starben noch im ersten Jahr in der Reservation an Hunger oder an einer Epidemie. Angesichts dieses Elends beschloss Geronimo, aus der Reservation auszubrechen und wieder in Freiheit zu leben. Um neuerlichen Konflikten mit der Armee zu entgehen, überschritten die Apatschen die mexikanische Grenze. Dort konnten die Amerikaner nicht gegen sie vorgehen.

Geronimo bewegte sich mit seinen Kriegern in den nächsten Jahren geschickt im amerikanisch-mexikanischen Grenzland.

Er wusste, dass die eine Seite nicht auf die andere Seite wechseln durfte, und spielte diesen Vorteil geschickt aus. Denn für die Apatschen hatte diese Grenze ohnehin noch nie gegolten, da sie mitten durch ihr Gebiet verlief. Auf beiden Seiten der Grenze überfiel Geronimo Dörfer, Handelsposten und Farmen. Er nahm vor allem Nahrungsvorräte und Pferde. Doch bald waren ihm nicht nur die Amerikaner auf den Fersen, auch die mexikanische Polizei suchte ihn nun überall. Geronimo und seine Krieger waren nirgendwo mehr sicher. Auf ihn war mittlerweile ein Kopfgeld in Höhe von zweitausend Dollar ausgesetzt.

Die Vereinigten Staaten wollten die Aufstände im Südwesten ein für alle Mal beenden. Daher wurde General Nelson A. Miles am 12. April 1886 beauftragt, Geronimo endgültig zu fassen. Miles bezog in New Mexico Stellung und entsandte Captain Henry Lawton mit der Kavallerie, um Geronimos Spur aufzunehmen. Ein Großaufgebaut von fünftausend Soldaten und fünfhundert Kundschaftern – Apatschen und Navajo – machten nun Jagd auf Geronimo und seine Anhänger. Geronimo kannte das Land, und er verstand es, seine Verfolger immer wieder auszutricksen und abzuhängen. Er versteckte sich in den Bergen, durchzog Wüsten und nutzte geschickt die Flüsse, um seine Spuren zu verwischen.

Doch dieses ruhelose Umherziehen kostete ihn und seine Kriegern viel Kraft. Nirgendwo konnten sie sich lange aufhalten, manchmal waren die Vorräte knapp, und sie konnten wenig schlafen. Vollkommen entkräftet gab Geronimo am 4. September 1886 am Skeleton Canyon in Arizona nahe der Grenze zu New Mexico auf. Ursprünglich war er mit fünfhundert Kriegern losgezogen – 36 von ihnen waren jetzt noch am Leben. Geronimo und seine Leute wurden verhaftet und in eine Reservation eskortiert.

Zunächst brachte man Geronimo nach Fort Picken in Florida, später in die Mount Vernon Barracks in Alabama, fern seiner Heimat. Schließlich wurde er in das Indianer-Territorium gebracht – jenes Gebiet, das als große Reservation vorgesehen war und später zum US-Bundesstaat Oklahoma wurde. Sein Wunsch, die Heimat im Südwesten noch einmal zu sehen, blieb ihm bis zu seinem Tod verwehrt. Er war ein Kämpfer für die Freiheit seines Volkes –nun verbrachte er den Rest seines Lebens als Gefangener in der Reservation. Im Indianer-Territorium bekam er ein Stück Land zugewiesen, dass er bebaute. Dort lebte er bis zu seinem Tod am 17. Februar 1909. Als letzter Häuptling, der noch Widerstand leistete, erlangte er nationale Berühmtheit. Präsident Theodore Roosevelt erlaubte daher, dass Geronimo seine Lebensgeschichte verfasste und veröffentlichte. Zuvor hatte Geronimo, der eigentlich *Gokhlayeh*, der Gähnende, hieß, seine Geschichte S. M. Barrett, zuständig für Erziehung und Bildung im Indianer-Territorium, erzählt. Barrett schrieb alles nieder, was der Apatsche ihm erzählte. Allerdings sollen einige Stellen später überarbeitet worden sein.

Indianerstämme im Südwesten

Komantschen

Die Komantschen nannten sich selbst *Nemene*, was „Volk" bedeutet. Das Wort *Comanche* entstammt dem Spanischen und ist an die Bezeichnung *Kohmáhts* der Ute angelehnt. Damit beschrieben die Ute die Komantschen als „die, die uns dauernd angreifen". Bis ins 16. Jahrhundert lebten die

Komantschen in den östlichen Rocky Mountains. Sie gehören dem Schoschonen-Zweig der uto-aztekischen Sprachfamilie an. Die Komantschen lebten in dieser Zeit als Jäger und Sammler in den Bergen. Jagd machten sie nur auf kleinere Tiere wie Kaninchen oder Biber.

Obwohl sie eher von kleinem Wuchs waren – ihre durchschnittliche Körpergröße betrug 1,60 Meter –, führten sie oft Krieg. Gerade auf ihrer Wanderung aus den Bergen in Richtung Süden gerieten die Komantschen mit vielen anderen Indianerstämmen aneinander. Sie verdrängten die Apatschen immer weiter in Richtung Südwesten und ließen sich selbst im Grenzgebiet der Bundesstaaten New Mexico, Kansas und Texas nieder.

An ihrer Westgrenze siedelten sich im 19. Jahrhundert auch deutsche Einwanderer des Mainzer Adelsvereins an. Beide Seiten schlossen Frieden und unterzeichneten im Mai 1847 den einzigen Vertrag zwischen Indianern und Weißen, der bis heute nicht gebrochen wurde. Noch heute feiern Vertreter beider Seiten den Jahrestag des Friedensschlusses.

Navajo

Zusammen mit den Apatschen bilden die Diné, auch Navaho oder Navajo genannt, die südlichen Athabasken. Die restlichen Stämme, die zur athabaskischen Sprachgruppe gehören, lebten sämtlich in Alaska und Kanada. Das ist darin begründet, dass Apatschen und Navajo aus dem Norden kommend in den Südwesten wanderten. Wie bei einigen Indianerstämmen waren auch bei den Navajo die Spanier Namengeber. Ursprünglich bezeichneten sie die Diné als *Apaces de Navajo*, Apatschen des bepflanzten Landes.

Die Navajos lebten in sogenannten *Hogans*, fest stehenden, mit Stroh gedeckten Hütten aus Stein und Lehm. In ihrer Entwicklung wurden sie stark von den Spaniern und der indianischen Pueblo-Kultur beeinflusst. Vor allem Religion und mythische Rituale lehnten sich an die Pueblo an. Die Spanier brachten den Navajo die Schmiedekunst, die Schaf- und Pferdezucht.

Mit etwa 300 000 Stammesmitgliedern sind die Diné heute der bevölkerungsreichste Stamm in Nordamerika. 160 000 leben in der Navajo Nation Reservation, der größten in den Vereinigten Staaten. Seit 1923 werden die Diné von einem Stammesrat verwaltet, der sich aus Repräsentanten der insgesamt 88 Siedlungen zusammensetzt. Dem Rat steht ein direkt gewählter Chairman vor. Die Reservation der Diné hat Steuerhoheit wie ein amerikanischer Bundesstaat, eine eigene Polizei und eigene Gerichtsbarkeit. Im Zweiten Weltkrieg spielten die Navajo für die USA eine bedeutende Rolle als Militärfunker im Pazifik. Sie funkten in ihrer Stammessprache, die vom Gegner nicht zu entschlüsseln war.

Apatschen

Die Apatschen gehören wie die Navajo zu den in Alaska und Kanada ansässigen Athabasken. Beide Gruppen wanderten wahrscheinlich im 14./15. Jahrhundert aus dem subarktischen Norden über die Prärien in das Gebiet der heutigen US-Bundesstaaten Arizona und New Mexico ein. Nach ihrer

Wanderung teilten sich die Apatschen in kleinere Untergruppen auf, zu denen neben anderen die Jicarilla und Mescalero zählen.

Da sie während ihre Zuges wie auch im Südwesten von den dort ansässigen Stämmen als Eindringlinge empfunden wurden, verlegten sie ihr Stammesgebiet schließlich in die unwirtlichen Wüsten des Südwestens. Da sie dort weder Landwirtschaft betreiben noch Büffel jagen konnten, waren sie von Raubzügen und Überfällen abhängig, um ihre Grundversorgung zu gewährleisten. Dadurch machten sich die Apatschen gleich welcher Untergruppe viele Feinde. So ist es nicht verwunderlich, dass die Zuñi, die in diesen Regionen lebten, ihnen den Namen *Apachù* gaben, was in der Sprache der Zuñi „Feinde" bedeutet. Als die Spanier in das Gebiet vordrangen, übernahmen sie diese Bezeichnung und machten den Namen *Apaches* populär. Die Apatschen nennen sich selbst *Inde* oder *N`de*, was „Menschen" heißt.

Die klimatischen Vorrausetzungen in den Wüsten des Südwestens formten die Lebensweise der Apatschen. Sie waren gute Läufer, bewegten sich nahezu geräuschlos und nutzten die wenigen vorhandenen Deckungsmöglichkeiten, um sich unbemerkt an ihre Feinde heranzuschleichen und diese zu belauschen. Da sie auf den Erfolg ihrer Raubzüge angewiesen waren und zumeist schlechter als ihre Feinde – Komantschen oder Mexikaner – ausgerüstet waren, zogen sie es vor, aus dem Hinterhalt anzugreifen. Einen offenen Schlagabtausch vermieden sie.

Das Gebiet der Apatschen stand bis zur Mitte des 19. Jahrhunderts unter spanisch-mexikanischer Hoheit. Die Apatschen mussten sich also nicht nur gegen ihre indianischen Feinde, sondern auch gegen die Spanier und nach der

Unabhängigkeit Mexikos gegen die Mexikaner zu Wehr setzen. Das führte zu mehreren kriegerischen Auseinandersetzungen, im Zuge derer sich die Komantschen mit den Mexikanern gegen die Apatschen verbündeten. Auf jeden Apatschenskalp wurde ein Kopfgeld ausgesetzt.

Auch nachdem die Gebiete der Apatschen im Mexikanisch-Amerikanischen Krieg an die USA gefallen waren, änderte sich im Verhalten der Apatschen nichts. Nun setzten sie sich vermehrt mit der amerikanischen Armee auseinander. Auch die US-Army setzten ab den 1860er Jahren ein Kopfgeld auf die Apatschen aus.

Obwohl die Apatschen durch Geronimo und Cochise sowie im deutschen Sprachraum durch die fiktionale Gestalt Winnetous weithin bekannt sind, waren sie wahrscheinlich immer ein kleiner Stamm, der nie eine gemeinsame Verwaltung hatte, sondern zerstreut in kleinen Gruppen lebte. Mitte des 19. Jahrhundert zählten sie wahrscheinlich nur 10 000 Stammesmitglieder, auch wenn mexikanische Zeitgenossen von über 30 000 ausgingen. Diese Schätzung beruhte wohl auf den erfolgreichen Raubzügen, welche die Apatschen in kleinen Gruppen, aber höchst effizient durchführten. Heute leben knapp 100 000 Apatschen, wobei ein Drittel gemischter Herkunft ist.

Das Massaker von Wounded Knee

Nach dem Amerikanischen Bürgerkrieg verschärfte sich das Vorgehen gegen die Indianer. Immer mehr Stämme wurden in Reservationen gezwungen und beugten sich dem Druck der Amerikaner. Nicht selten zerstritten sich Stämme dabei, so dass kleinere Gruppen zurückblieben, die den Amerikanern den Kampf ansagten. Dennoch war das Selbstbewusstsein der meisten Stämme gebrochen, und es schien nur eine Frage der Zeit, bis alle aufgeben würden.

In den 1860er Jahren breitete sich eine spirituelle Erweckungsbewegung im Nordwesten der USA unter den Indianern aus: der Geistertanz. Ein Medizinmann der Paiute hatte eine Vision und verkündete, die alte indianische Lebensweise werde wiederkommen. Mithilfe der Geister ihrer Ahnen würden es die Indianer schaffen, die weißen Eroberer von ihrem Kontinent zu vertreiben. Dafür sei es notwendig, sich in den Zustand der Trance zu versetzen, um die Ahnen anzurufen. Hierfür legte er das Ritual des „Sonnentanzes" fest, das sich fortan schnell und über Stammesgrenzen hinweg verbreitete. Die mit dem Geistertanz verbundene Hoffnung auf eine bessere Zukunft fiel in der Phase des Niedergangs der Indianer auf fruchtbaren Boden. Während eines Sonnentanzes tanzten Männern wie Frauen zum Schlag der Trommeln in einem Kreis und hielten sich an den Händen, bis sie in Trance fielen.

Eine Neubelebung erfuhr der Geistertanz durch Wovoka, einen Schamanen der Paiute, der als Jack Wilson auf einer strenggläubigen Mormonenranch aufgewachsen war. Wovoka hatte am 1. Januar 1889 während einer Sonnenfinsternis eine Vision. Darin wurde er von einer göttlichen Stimme beauftragt, die Indianer Nordamerikas zu erlösen. Seine Prophezeiung ähnelte derjenigen aus den 1860er Jahren: Bald werde die Zeit kommen, wo sich alle Indianer vereinigen, die riesigen Büffel- und Pferdeherden zurückkommen und die Weißen verschwinden. In der Vision waren christliche mit indianischen Elementen verbunden. Die Indianer sollten sich einer Reinigung im Wasser unterziehen und dem Alkohol abschwören. Zudem predigte Wovoka die Nächstenliebe und den gewaltlosen Widerstand. Wenn die Indianer dies befolgten und sich durch den Geistertanz in Trance versetzten, seien sie auch vor den Kugeln der Soldaten geschützt, bekundete der Schamane. Wovokas Botschaft gab den Indianern vieler Stämme neue Hoffnung und verbreitete sich daher schnell. Da die Geistertanz-Bewegung Gewalt ablehnte, wurde sie von den Indianer-Beauftragten der Regierung zunächst positiv aufgenommen.

Die verschiedenen Stämme fügten dem Geistertanz Elemente aus ihrer eigenen Kultur und Tradition hinzu. Auch einige Sioux hatten den Geistertanz übernommen, lehnten aber die pazifistischen Gebote Wovokas ab. Zum Geistertanz trugen sie sogenannte „Geisterhemden", welche die Kugeln der Armee abzuhalten versprachen.

Ende des 19. Jahrhunderts verbreitete sich das Ritual des Sonnentanzes über Stammesgrenzen hinaus. Er gab den vor der Vernichtung stehenden Indianern neues Selbstbewusstsein.

Bald sah die Regierung den Geistertanz jedoch als Gefahr an und befürchtete, dass daraus ein panindianischer Aufstand entstehen könnte. Die Reservationsbehörden befürchteten eine Massenbewegung und reagierten mit Zwangsmaßnahmen, um einen möglichen Aufstand bereits im Vorfeld zu ersticken.

Zur gleichen Zeit hatte auch Sitting Bull, der mittlerweile in der Standing Rock Reservation der Lakota lebte, eine Vision. Er sah, dass er bald von der Hand eines Stammesbruders getötet werden würde. Da die Regierung auch einen Aufstand in Sitting Bulls Reservation befürchtete, wurde er befragt, ob er sich dieser Bewegung offiziell anschließen und einen möglichen Aufstand anführen würde. Doch Sitting Bull sah den Geistertanz skeptisch. Daher forderte ihn die Reservationsleitung im Namen der Regierung auf, den Geistertanz in Standing Rock zu verbieten.

Sitting Bulls Skepsis war zwar nicht gewichen, dennoch sah er keinen Grund, den Geistertanz in der Reservation verbieten zu lassen. Im Gegenteil – seine Neugierde war geweckt, und er plante, in die südlicher gelegene Pine Ridge Reservation zu reisen, um dort am Geistertanztreffen der Lakota teilzunehmen. Schnell machte das Gerücht die Runde, Sitting Bull habe sich an die Spitze einer Verschwörung gestellt. Die Befürchtungen der Reservationsleitung schienen sich zu bewahrheiten. Sitting Bulls Wort wog schwer unter den Lakota, deshalb sollte er das Geistertanztreffen nicht besuchen dürfen. So erhielten 43 Polizisten der Lakota am 15. Dezember 1890 den Befehl, Sitting Bull zu verhaften und ins Gefängnis zu bringen. Als Verstärkung war die 7. US-Kavallerie angerückt. Unruhe griff in der Reservation um sich, als das Gerücht von der Verhaftung Sitting Bulls die Runde machte. Seine Anhänger strömten vor das Haus des charismatischen Häuptlings und verharrten dort. Sitting Bull dachte darüber nach, ob er sich den Polizisten freiwillig anschließen sollte; als er dann jedoch mit Gewalt abgeführt wurde, eskalierte sie Szene. Sitting Bulls Anhänger eröffneten das Feuer auf die handgreiflichen Lakota-Polizisten. Während der Auseinandersetzung schoss Red Tomahawk, einer der Lakota-Polizisten, Sitting Bull in den Kopf. So starb dieser, wie er es vorhergesehen hatte, von der Hand eines Lakota.

Entsetzt über den Tod ihres großen Anführers, flohen die Anhänger Sitting Bulls aus der Reservation und schlossen sich Häuptling Big Foot an, der ebenfalls zum Geistertanztreffen in der Pine Ridge Reservation unterwegs war. Big Foot und seine insgesamt 350 Anhänger quälten sich durch die klirrende Kälte von South Dakota. Auch sie fürchteten mittlerweile die Indianerpolizei und die Armee. Am 29. Dezember 1890 wurde die Gruppe um Big Foot – müde vom zweiwöchigen Marsch durch den Schnee – am Wounded Knee Creek von der Armee umstellt.

Aus Angst vor einem Aufstand forderte Colonel John Forsyth die Indianer auf, ihre Waffen niederzulegen und den Soldaten zu übergeben. Obwohl die Indianer sich den Soldaten nicht widersetzten und ihre Waffen abgaben, befahl Forsyth, die Zelte und die Indianer selbst zu durchsuchen. Getreu dem Gebot des Geistertanzes, sich nicht provozieren zu lassen und gewaltlos zu bleiben, nahmen die Sioux diese Provokation hin. Einige fingen indessen mit dem Geistertanz an, den die Soldaten besorgt verfolgten. Die Indianer hatten Angst vor den Soldaten und diese vor den Geistertänzern. Schließlich eskalierte die Lage binnen kurzer Zeit, als bei einem jungen Sioux ein Gewehr gefunden wurde. Er wollte es nicht hergeben, und als mehrere Soldaten ihm das Gewehr entrissen, löste sich ein Schuss. Verwirrung und Angst veranlassten die Soldaten, willkürlich in die unbewaffnete Menge der Sioux zu schießen, in der sich neben den Krieger auch Frauen und Kinder befanden. Einige versuchten in Deckung zu gehen, doch innerhalb kurzer Zeit starben über zweihundert Sioux im Kugelhagel am Wounded Knee. Die Leichen der Indianer wurden auf der schneebedeckten Prärie liegengelassen und erstarrten in der Kälte.

Die Kunde vom Massaker und dem Vorgehen der Armee verbreitete sich schnell in den Reservationen. Nun war auch der letzte Widerstand der Indianer endgültig gebrochen. Am 15. Januar 1891 ergaben sich die letzten viertausend Geistertänzer. Der mit dem Pequotkrieg 1637 begonnene Vernichtungskrieg gegen die Indianer Nordamerikas und deren bewaffneter Widerstand waren damit zu Ende.

Das Ende des Indian Territory

Bereits im frühen 19. Jahrhundert hatte die amerikanische Regierung den – zumindest im Rückblick unrealistischen – Plan, westlich des Mississippi River ein Gebiet für die Indianer zu reservieren. Dieses Gebiet sollte eine Art Indianer-Staat werden. Nach und nach, so sah der Plan vor, sollten dort die Indianer sesshaft gemacht werden. Die Politik nannte es *Indian Territory*, Indianer-Territorium. Dorthin wurden in den 1830er Jahren als erste die *Fünf zivilisierten Stämme* gebracht. Seminolen, Cherokee, Chickasaw, Muskogee und Choctaw mussten sich das Territorium bald mit den restlichen Stämmen des Nordostens, die ebenfalls deportiert wurden, teilen.

Das Indianer-Territorium wurde zu einem überbevölkerten Ghetto mit unterschiedlichen Lebensweisen und Traditionen. Ehemals verfeindete Stämme mussten auf engem Raum nebeneinander leben, nomadische Büffeljäger waren gezwungen, ihre traditionelle Lebensweise aufzugeben und sesshaft zu werden. Hilfe erhielten sie dabei kaum. Zugleich blieben die versprochenen Nahrungslieferungen aus, so dass bald Hunger und Krankheiten um sich griffen.

Der Großteil des Landes im Westen – zuvor der natürliche Lebensraum der Indianer – wurde schnell an Siedler und Spekulanten verteilt. Bald war das Indianer-Territorium tatsächlich das letzte Stück freien Landes, in dem es den Siedlern verboten war, sich niederzulassen. Funde von Bodenschätzen, vor allem Kohle, verstärkten die Begehrlichkeiten am Indianer-Territorium und schürten die Profitgier von Spekulanten. Seit 1879 unternahmen mehrere Einwanderungs- und Siedlungsvereine Versuche, sich im besonders fruchtbaren Zentrum des Indianer-Territoriums niederzulassen. Das Abkommen der Regierung mit den Indianern interessierte sie wenig. Es kam zu Ausschreitungen und blutigen Zwischenfällen. Bald musste die Armee einschreiten, um die Situation zu beruhigen. Sie hatte große Not, die Siedler wieder aus dem Gebiet zu vertreiben, die sich schlichtweg weigerten abzuziehen.

Einmal mehr zeigte sich, dass die Verträge zwischen Indianern und Regierung nur für kurze Dauer Gültigkeit bewiesen. Landgierige Siedler und Agenten interessierten sich ohnehin nicht für die Belange der Indianer. In Washington versuchten Lobbyisten, die Regierung dahin zu bringen, die Verträge mit den Stämmen im Indianer-Territorium aufzulösen.

Die Regierung sah nun nur eine Möglichkeit, die Situation zu beruhigen und den Landdurst der Siedler zu stillen: Sie trat in Verhandlungen mit den Muskogee und den Seminolen, um ihnen Teile ihres Landes abzukaufen. Die Indianer stimmten zu, und so konnte Präsident Benjamin Harrison (amtierte 1889–93) im Jahr 1889 etwa zwei Millionen Morgen neues Land zur Besiedlung freigeben. Vom 22. April 1889 an konnten Siedler in das besagte Stück Land ziehen und ihren künftigen Besitz selbst abstecken. Die Nachricht verbreitete sich wie ein Lauffeuer – bald standen Tausende an den Grenzen des Indianer-Territoriums und warten auf das Startsignal, um in das ehemalige Indianer-Territorium zu strömen und es zu besiedeln. Diesem sogenannten *Oklahoma Land Run* folgten in den Jahren 1891 und 1906 weitere solcher „Wettbewerbe".

Das neu besiedelte Land wurde zum Oklahoma-Territorium, das nun neben dem Indianer-Territorium bestand. In den folgenden Jahren wurde mehrfach versucht, den einen oder den anderen Teil als Staat zu organisieren, bis beide zusammen am 16. November 1907 als 46. Bundesstaat mit Namen Oklahoma den Vereinigten Staaten beitraten. Das Indianer-Territorium war damit Geschichte. Ironischerweise entstammt der Name *Oklahoma* der Choctaw-Sprache und bedeutet „Land des Roten Mannes".

TEIL III
KULTUR UND LEBENSWEISE

Das Leben auf der Prärie

Das populäre Bild der Indianer ist vor allem von den Prärie-Indianern geprägt, die auf den großen Ebenen von Kanada bis Texas zu Hause waren. Dabei sei angemerkt, dass die Prärien eigentlich nur ein Teil der sogenannten *Great Plains* sind – im Deutschen werden beide Begriffe aber häufig synonym verwendet.

Die Prärie-Indianer entwickelten eine den natürlichen Bedingungen angepasste Lebensweise, da sie auf den endlos scheinenden Ebenen den Naturgewalten ohne schützende Berge und Täler ausgesetzt waren. Im Winter konnten arktische Stürme aus dem Norden für Temperaturen weit unter dem Gefrierpunkt sorgen. Im Sommer herrschte große Hitze, Tornados und Sandstürme durchzogen das Land.

Zu Beginn des 19. Jahrhunderts lebten schätzungsweise fünfzig Millionen Bisons auf den Great Plains und streiften über die saftigen Ebenen. In der sonst so kargen Landschaft sicherten die Büffel die Grundversorgung der Indianer. Büffelfleisch war das Hauptnahrungsmittel der Prärie-Indianer. Aus den Fellen machten die Indianerfrauen Kleider, Kanus oder Decken für die Tipis. Aus den Knochen wurden Pfeilspitzen, Waffen, Werkzeuge und Geschirr gefertigt. Bogensehnen und Schnüre entstanden aus den Sehnen und Därmen der Tiere. Ohne den Bison brachen der Alltag und die Lebensweise der Prärie-Indianer zusammen. Der Büffel war darüber hinaus auch Bestandteil ihrer Religion.

Prärie-Indianer mussten flexibel und vor allem mobil sein. Daher entwickelten sie das sogenannte *Tipi* – ein Wort der Sioux für „Wohnung" – als Behausung. Es war leicht zu transportieren und konnte schnell auf- und abgebaut werden. Die Verantwortung dafür hatten die Frauen. Der Aufbau eines Tipis dauerte etwa eine Stunde, dann folgte die Einrichtung des Inneren. Abgebaut waren Tipis in einer Viertelstunde, was den Prärie-Indianern große Flexibilität gab, wenn sie schnell aufbrechen mussten.

Ein Tipi bestand aus vier stabilen Stangen, die als Grundgerüst im Boden befestigt und oben zusammengebunden wurden. Es hatte einen Durchmesser von vier bis acht Metern. Zwischen den Grundstangen wurden weitere Stangen aufgestellt, die schließlich ein starkes Gerüst bildeten, das wiederum mit kunstvoll bemalten Büffelhäuten überzogen wurde. Im Inneren des Tipis befanden sich viele Decken zum Sitzen und Schlafen. In der Mitte wurde eine Feuerstelle errichtet, die an der Zeltdecke spezielle Rauchklappen notwendig machte. Der Zugang zu einem Tipi zeigte immer nach Osten in Richtung des Sonnenaufgangs. Sollte das Tipi transportiert werden, bildeten die Prärie-Indianer daraus ein *Travois*. Hierbei wurde das Tipi bis auf die vier Stangen auseinandergebaut, danach befestigten die Prärie-Indianer das eine Ende der Stangen an den Seiten eines Pferdes, die anderen wurden auf dem Boden hinterhergezogen. Zwischen den hinteren Enden entstand eine Ladefläche, auf der Kranke und Kinder, aber auch Gebrauchsgegenstände transportiert werden konnten.

Das Aufkommen des Pferdes im 17. Jahrhundert auf den Prärien, das die Spanier nach Nordamerika mitgebracht hatten,

Jahrhunderte lange lebten die Prärie-Indianer gewissermaßen in „Symbiose" mit den Büffeln. Es wurden nie mehr Tiere gejagt, als die Indianer zum Überleben benötigten.

veränderte und vereinfachte die Büffeljagd der Indianer. Jedoch waren sie schon zuvor hervorragende Büffeljäger. Mit Fellen getarnt, schlichen einige in die Mitte einer Büffelherde, erschreckten die Tiere und trieben sie danach dahin, wo der andere Teil der Jagdgruppe wartete und die Tiere mit Lanzen zur Strecke brachte.

Die Prärie-Indianer töteten jeweils nur so viele Tiere, wie sie zum Überleben brauchten. Sie jagten nie im Überfluss oder gar zum Zeitvertreib. Das Pferd und später die Verbreitung von Gewehren machten die Büffeljagd zwar ungefährlicher und effektiver, doch auch weiterhin jagten die Indianer nur nach ihrem Bedarf und nie darüber hinaus.

Der Bau der transkontinentalen Eisenbahn veränderte jedoch alles und brachte das Jahrhunderte alte Gleichgewicht zwischen Mensch und Tier aus der Balance. Um die Bahnarbeiter zu ernähren, stellten die Eisenbahngesellschaften Büffeljäger ein, damit die Arbeiter mit genügend Fleisch versorgt waren. Diese gingen nun nicht mehr so bedacht mit den Büffeln zu Werke wie die Prärie-Indianer, sondern schossen mehr Tiere als benötigt. Bald wurde die Büffeljagd zum Sport – und das dezimierte die einst riesigen Herden binnen kurzer Zeit. Hunderte Tiere wurden am Tag geschossen, ohne dass das Fleisch benötig wurde. Bald waren die Büffel vom Aussterben bedroht.

Ihre Bedeutung für die Prärie-Indianer ist unzweifelhaft. Daher verwundert es nicht, dass einige sich an den US-amerikanische Präsidenten wandten mit der Aufforderung, die Armee einschreiten zu lassen. Doch im Abknallen der Büffel sahen einige Militärs und Politiker die nicht unwillkommene Möglichkeit, auf die Prärie-Indianer Druck auszuüben. Ohne Büffel waren sie vielleicht schneller bereit, in die Reservationen zu ziehen. Die Armee war an der Ausrottung der Büffel beteiligt. Um 1890 lebten nur noch 550 von einst fünfzig Millionen Tieren.

Pueblos und andere Behausungen

Die ersten *Pueblos* entstanden in der Anasazi-Kultur. Zuvor hatte man in sogenannten *Kivas*, Rundhäusern, gelebt, die in die Erde gebaut worden waren. Im Dach gab eine runde Öffnung, die den Zugang in das Kiva bildete. Diese symbolisierte in der Legende der Anasazi die Erschaffung des Menschen, der durch eine Öffnung im Boden von Mutter Erde ans Licht kam. Das Dach eines Kivas stützten Querlatten aus Holz, die Zwischenräume schlossen kleinere Bretter. Das Dach wurde schließlich mit Lehm und Erde bedeckt.

Die Kivas, anfangs vollständig in den Boden gebaut, entwickelten sich weiter. Spätere Bauten ragten bereits aus dem Boden hervor, bis die Anasazi den Teil über dem Boden mit Adobe-Steinen aufmauerten. Die Steine wurden dafür mit festen Werkzeugen behauen und mit Lehm verbunden. Viele ihrer Städte bauten die Anasazi in riesige Felsvorsprünge, die Schutz vor Feinden und dem Wetter boten. In solchen Pueblos finden sich mehrstöckige Gebäude aus Adobe-Steinen, aber auch Kivas im Boden. Im Südwesten Nordamerikas gibt es viele solcher Pueblos, die häufig nahe beieinander lagen.

Nach dem Verschwinden der Anasazi-Kultur traten andere Stämme an deren Stelle. Die Hopi und Zuñi, die in dieser Gegend

Bereits die Anasazi lebten in Pueblos wie dem „Cliff Palace", der sich im Nationalpark Mesa Verde im Südwesten Colorados befindet.

heimisch waren, bauten Pueblos nach dem Vorbild der Anasazi, nur dass diese nicht in Felsvorsprüngen lagen. Stämme wie die Navajo und Apatschen, die erst im 14./15. Jahrhundert in den Südwesten kamen, fanden die verlassenen Ruinen der Anasazi vor. Teilweise inspirierten diese Dörfer sie zu eigenen Bauten, teilweise zogen sie in die verlassenen Pubelos ein.

Während in den Felsenstädten der Anasazi meist nur bis zu sechzig Personen lebten, konnten modernere Pueblos bis zu tausend Menschen aufnehmen und sechs Stockwerke haben. Die einzelnen Räume waren baukastenartig übereinandergestellt und bildeten große Terrassen. Sie wurden aus Sandsteinplatten oder den für den amerikanischen Südwesten typischen Adobeziegeln aus Lehm errichtet. Mit Leitern gelangten die Einwohner von der einen Plattform zur anderen. In die einzelnen Räume gelangte man nur durch Zugänge im Dach. Verbunden waren die Räume nur in Ausnahmefällen. Im Allgemeinen hatte eine Familie ein bis zwei Räume; dort wurden auch rituelle Gegenstände aufbewahrt, die nur zu großen Feierlichkeiten hervorgeholt und gezeigt wurden. Durch ihre Verschachtelung boten die Pueblos guten Schutz vor gegnerischen Angriffen und waren leicht zu verteidigen.

Doch weder Pueblos noch Tipis waren die einzigen Formen indianischer Behausung. Die Lebensweisen der einzelnen Stämme unterschieden sich stark von einander und waren jeweils den klimatischen Bedingungen ihrer Region angepasst. Daher hatten viele Indianerstämme völlig unterschiedliche Behausungen. Neben dem jeweiligen Klima waren Zweckmäßigkeit und vorhandenes Baumaterial ausschlaggebend für die Hausform. Die sesshaften Stämme östlich des Mississippi Rivers bewohnten das südliche Waldland. Ihnen stand genügend Holz zur Verfügung, so dass sie kleine, stabile Häuser aus Holz bauten. Die Indianer der Prärien waren auf ihre nomadische

Zu „Plimouth Plantation", der originalgetreuen Rekonstruktion eines Dorfes der Pilgerväter von 1627, gehört auch ein traditionelles Wampanoag-Dorf mit Wigwams.

Lebensweise angewiesen und benötigten daher eine Behausung, die sie sowohl transportieren als auch schnell auf- und abbauen konnte. Sie verwendeten die bekannten Tipis.

Auch die Bezeichnung *Wigwam* ist relativ weit verbreitet. Sie wird in der Populärkultur häufig synomym mit Tipi verwendet, was nicht korrekt ist. Das Wigwam ist eine kleine Hütte aus Baumstämmen. Sie Stämme wurden dabei fest im Boden verankert und schließlich zur Mitte hin gebogen. Danach wurde das Gerüst mit weiteren Holzlatten verstärkt und mit Rinde dicht abgedeckt. Wigwams wurden hauptsächlich von den Algonkin im nordöstlichen Waldland der USA errichtet. Ihre Nachbarn, die Irokesen, lebten hingegen in *Langhäusern* aus Holz. Diese Häuser hatten eine Länge von bis zu fünfzig Metern und beherbergten mehrere Familien einer Sippe. Ähnlich war das *Wickiup* der Apatschen im Südwesten konstruiert. Das Grundgerüst bestand wiederum aus zur Mitte gebogenen Ästen. Zur Abdeckung benutzten die Apatschen jedoch keine Rinde, da es in ihrem trockenen Gebiet kaum Bäume gab, sondern geflochtenes Gras. Die Navajo, die es mit ähnlichen klimatischen Bedingungen zu tun hatten, lebten in sogenannten *Hogans*, rundlichen Hütten von vier bis acht Metern Durchmesser aus kleineren Baumstämmen mit einem Lehmüberzug. Der Eingang lag wie bei den meisten indianischen Behausungen im Osten. Zur Kühlung wurde der Erdboden im Inneren des Hogans mit Wasser beträufelt.

Religion und Spiritualität

Die Kultur und Lebensweise der nordamerikanischen Indianer war durchdrungen von Spiritualität, der Verbundenheit mit der Natur und dem Glauben an das Übernatürliche. Im Zentrum indianischen Denkens steht dabei immer die Erde als Lebensraum aller Geschöpfe. Jedes Naturphänomen hatte eine religiöse Bedeutung, jedes Lebewesen und jeder Gegenstand hatte eine Seele. Hinter jeder Naturerscheinung – Wind, Regen, Blitz oder Donner – sahen sie das Wirken einer höheren Macht in Gestalt von Geistern.

Im deutschen Sprachraum wird angenommen, dass die Indianer einen monotheistischen Glauben herausgebildet hatten, und dass der Gott aller indianischen Völker „Manitu" hieß. Diese Vorstellung entspringt der Annahme der Europäer, die die indianische Naturreligion zunächst missverstanden. Die meisten Indianer glaubten nicht an eine personifizierte Gottheit, vielmehr an eine unpersönliche, übernatürliche Macht, die gleichbedeutend mit dem Leben an sich und der Natur war.

Stämme mit ähnlichem Glauben hatten verschiedene Bezeichnungen Worte für diese übernatürliche Macht. Was für die Algonkin *Manitu* war, nannten die Apatschen *Yasastine*, die Sioux *Wakan*, die Irokesen *Orenda* und die Crow *Maxpe*. Durch den Kontakt mit dem Christentum der Europäer entwickelte sich im Laufe des 19. Jahrhunderts ein Art monotheistischer Glaube, der sich eher an eine die Natur lenkende Person als an die Natur selbst richtete.

So unterschiedlich die Kulturen der Indianer Nordamerikas sind, so vielfältig sind auch ihre religiösen Ursprünge. Die Winnebago im Norden beispielsweise führten alles Leben auf der Erde auf ihren Schöpfergott zurück, der mit seinen Tränen Seen und Flüsse geschaffen hat und danach die Erde mit Pflanzen, Tiere und Menschen besiedelte. Die Anasazi wie später die Hopi befanden sich zunächst im Bauch von Mutter Erde, ehe sie durch eine Öffnung an die Erdoberfläche gelangten. Die Irokesen glauben daran, dass alles Leben im Himmel begann. Dieser war die erste Heimat der Lebewesen, bevor die Erde besiedelt wurde.

Für Indianer vieler, aber nicht aller Kulturen war es wichtig, einen persönlichen Schutzpatron zu finden. Dieser Geist sollte ihm sein Leben lang in allen Situationen beistehen – im Krieg und bei der Jagd ebenso wie innerhalb der indianischen Gesellschaft. Um diesen Schutzgeist zu finden, musste sich ein Indianer zurückziehen und meditieren – das konnte mehrere Tage dauern. In dieser Zeit durfte man keine Nahrung zu sich nehmen, weil das die Wahrnehmung schärfe. In der Nacht hatte man dann Träume, in denen sich der persönliche Schutzgeist in Gestalt eines Tieres oder eines Gegenstandes zeigte. Der Schutzgeist ließ auch wissen, welche Gegenstände – Steine, Federn, Schmuck oder Holz – mit ihm verbunden waren. Diese würden den Indianer sein Leben begleiten und ihm Schutz und Glück bringen. Er trug den für ihn bestimmten Gegenstand fortan in seinem Medizinbeutel mit sich. Dieser Medizinbeutel war sein Talisman und durfte weder verloren gehen noch gestohlen werden.

So sehr mit der Natur verbunden, konnten die Indianer eine Vorstellung der Siedler aus Europa – vor allem der Puritaner – nicht teilen: Die Vorstellung, dass der Mensch die Krone der Schöpfung sei und dass er sich die Erde Untertan machen solle. Die Indianer verstanden sich in keiner Weise als höhere Geschöpfe, sondern sahen sich als gleichwertig mit den Tieren und der Natur an. Aus diesem Verständnis heraus „nahmen" sie bei der Jagd der Natur auch nie mehr Tiere, als sie zum Überleben benötigten. Auch bestellten sie nicht mehr Felder und ernteten nicht mehr Gemüse und Obst. Die Überproduktion und Kultivierung von größeren Plantagen, die die ersten europäischen Siedler als Zivilisation verstanden und den Indianern beibringen wollten, konnten sie daher in keiner Weise verstehen, verstieß die Grundannahme bereits gegen ihre religiöse Vorstellung. Für die sie Indianer gab es in der Natur keine Über- oder Unterordnung. Das Leben an sich – ob das von Menschen, Tieren, Menschen oder Pflanzen – war ihnen heilig. Daher war es für sie vor der Jagd und vor der Erntezum Beispiel wichtig, in einem Ritual, die Büffel vor der Jagd um Vergebung zu bitten.

Die populäre Formulierung von den „ewigen Jagdgründen" stammt nicht von den Indianern selbst. Zwar gab es bei vielen Stämmen – hauptsächlich bei den Prärie-Indianern – die Vorstellung von einem Leben nach dem Tod oder von einer Wiedergeburt, doch stammt diese Vorstellung von den englischen Kolonisten. Sie versuchten mit deren Verbreitung, Indianer vom Glauben an die Totengeister abzubringen.

Die verschiedenen Kulturen hatten unterschiedliche Vorstellungen vom Jenseits. Die Cheyenne beispielsweise glaubten daran, dass sich die Seelen der Verstorbenen vom Körper lösten und über die Milchstraße in das Reich des Hauptgeistes *Heammawihio* wanderten. Die Komantschen glaubten an ein paradiesisches Tal, in dem sie weder Sorgen noch Schmerzen haben und wo genügend Jagdtiere für ihre Bedarf leben. Die meisten indianischen Kulturen waren davon überzeugt, dass das Leben im Jenseits dem auf der Erde ähnelt. Lediglich die Irokesen hatten eine andere Vorstellung: Ihrem Glauben zufolge wanderten die Seelen nicht an einen jenseitigen Ort, sondern blieben als Schatten im Diesseits und damit unter den Lebenden.

Rituale

Das wohl bekannteste zeremonielle Gegenstand der nordamerikanischen Indianer ist die *Friedenspfeife*, die zur Bekräftigung einer Freundschaft oder eines Friedensschlusses sowie bei Handelsabschlüssen die Runde machte. Der Rauch der Pfeife sollte positive Energien anziehen und negative verdrängen. Ähnlich wie andere heute für die Indianer typische Bezeichnungen und Gegenstände ist auch „Friedenspfeife" eine Fremdbezeichnung und wurde so nicht von den Indianern verwendet. Die Indianer sprachen vielmehr von der „Heiligen Pfeife". Verbreitet hat sich für die Friedenspfeife auch der indianische Ausdruck *Kalumet*.

Das Rauchen eines Kalumets war streng ritualisiert und bei fast allen Indianern Nordamerikas gebräuchlich. Bevor geraucht wurde, führten die Indianer die Friedenspfeife durch Rauch von Süßgras und Salbei – zunächst von Norden nach Süden und danach von Osten nach Westen. Danach wurde sie in alle vier Himmelsrichtungen gehalten. Die Teilnehmer des Rituals setzten sich in einen Kreis und reichten das Kalumet im Uhrzeigersinn weiter.

Fühlte ein Indianer seinen nahen Tod, konnte er bestimmen, an wen sein Besitz übergehen sollte und wer die Ämter und Funktionen, der er zu Lebzeiten innegehabt hatte, fortführen sollte. Den Tod eines Stammesangehörigen machte ein Herold im Dorf bekannt, der die Todesumstände öffentlich ausrief. Danach versammelten sich Verwandte und Freunde des Toten zu einer Trauerfeier und präparierten die Leiche. Sie wurde gewaschen und geschmückt, in einen Umhang gehüllt und begraben. Danach vollzog der Medizinmann ein Ritual, um die Seele des Verstorbenen auf ihrem Weg zu begleiten – sie sollte nicht in das Land der Lebenden zurückkehren. Danach setzte eine einjährige Trauerzeit ein.

Ein weiteres bedeutendes Ritual, das bei vielen, vor allem jedoch bei den Prärie-Indianer – den Cheyenne, Mandan, Arapaho und Sioux – begangen wurden, war der *Sonnentanz*. Alljährlich versammelten sich die Indianer im Frühjahr zur Büffeljagd. Bevor die Jagd begann, zelebrierten die jungen Krieger den Sonnentanz, der vier Tage und vier Nächte dauerte und bei dem sie große Qualen erduldeten. Jungen Kriegern bot der Sonnentanz Gelegenheit, ihren Mut und ihre Männlichkeit unter Beweis zu stellen. Nicht zu letzt war er ein Initiationsritus an der Schwelle zum Erwachsenwerden. Für andere, auch ältere Krieger konnte der Tanz ein Opfer sein, das sie ihren Geistern brachten, oder sie erfüllten damit ein Gelübde, das sie zuvor in einer Notlage abgegeben hatten.

Der Sonnentanz fand im Freien oder in einer Hütte statt, die nach Osten in Richtung Sonnenaufgang geöffnet war. In der Mitte wurde ein Baumstamm aufgestellt, der sogenannte „Sonnenpfahl". Zu Beginn nahmen die Sonnentänzer ein Schwitzbad, das der Reinigung diente. Danach bekamen die Tänzer zwei parallele, senkrechte Schnitte in die Brust, und ein kleines Stück Holz wurde unter die Haut geschoben. Dieses wurde mit

Die rituelle Friedenspfeife, auch Kalumet oder heilige Pfeife, diente vielen Indianern zum Gebet. Darüber hinaus wurde sie zu Friedensschlüssen und Freundschaftsbekundungen geraucht.

einer Schnur am Sonnenpfahl befestigt. Die Sonnentänzer zogen nun mit ihren Oberkörpern so lange an der Schnur, bis das Holz wieder zum Vorschein kam.

Während des Tanzes versetzten die Schmerzen die Sonnentänzer in Trance. Dadurch konnten sie einen höheren Bewusstseinszustand erreichen und hatten Visionen, die ihnen Antwort auf wichtige Lebensfragen gaben, ihnen die nächsten Schritte aufzeigten und neue Fragen aufwarfen. Mit der Teilnahme am ersten Sonnentanz gab ein junger Krieger das Versprechen, in seinem Leben mindestens vier Sonnentänze zu absolvieren.

Der Sonnentanz erlebte seine Blüte im 19. Jahrhundert. Die Selbstmarterung schockierte die Weißen, die den Sonnentanz zu verbieten versuchten. Das stieß bei den Indianern auf Unverständnis, waren die Qualen und Schmerzen des Sonnentanzes für sie doch ein wesentlicher Bestandteil des Rituals. Ohne die Torturen wäre der Sonnentanz unwirksam. Schließlich kam es 1910 zum Verbot. Vor allem christliche Missionare hielten das Ritual für unmenschlich und heidnisch. Im Geheimen wurde es jedoch weiter praktiziert. 1934 wurde der Sonnentanz von der Regierung wieder zugelassen und erlebte vor allem in den 1960er und 70er Jahren mit dem neuen Selbstbewusstsein der indianischen Bürgerrechtsbewegung einen Aufschwung und ist heute ein wichtiger Bestandteil der indianischen Identität.

Martern und Waffen

Das *Skalpieren* wurde fast zum Synonym für den unmenschlichen und grausamen Indianer. Immer wieder wurde dieses Bild im 19. Jahrhundert bemüht, um Unfrieden zwischen Indianern und Siedlern oder Soldaten zu schüren. Dabei war das Skalpieren ursprünglich ein spirituelles Ritual, das nur von wenigen Indianerstämmen vollzogen wurde. Die Indianer glaubten, dass sie durch das Skalpieren die Lebenskraft des besiegten und getöteten Feindes auf sich übertragen könnten. Es kam auch vor, dass lebenden Gegnern der Skalp genommen wurde, was diese wegen des hohen Blutverlustes selten überlebten. Der Skalp entwickelte sich zu einem Sinnbild der Tapferkeit ähnlich der Adlerfeder und wurde an den Waffen, der Kleidung, der Lanze oder dem Zelt als Zeichen getragen.

Einige Siedler übernahmen den Brauch von den Indianern. Vor allem in der Zeit der englischen Kolonien kam es vereinzelt dazu, dass die Gouverneure Kolonisten dazu aufriefen, Indianer zu skalpieren. Dafür wurde dann ein Kopfgeld ausgesetzt. Der Skalp hatte hierbei keinerlei rituelle Funktion, er diente lediglich als Beweis dafür, dass ein Indianer getötet worden war. Ähnlich verfuhren die Mexikaner 1837 mit den Apatschen. Sie riefen dazu auf, Apatschen zu skalpieren, und zahlten für jeden Skalp eines männlichen Erwachsenen einhundert Dollar. Die Skalps von Frauen und Kinder brachten zwischen fünfundzwanzig und fünfzig Dollar ein.

Eine traditionelle Waffe der Indianer war der *Tomahawk*, der einem Beil ähnlich war. Der Kopf bestand ursprünglich aus Stein und wurde erst später durch Eisen ersetzt, das häufig von weißen Händlern eingetauscht werden musste. Ursprünglich war der Tomahawk eine Art Wurfkeule und entwickelte sich erst später zu einem Allzweckgegenstand und zur gefährlichen Nahkampfwaffe. Falsch ist, dass der Tomahawk lediglich eine Wurfwaffe war. Die hammerartige Seite der Axtseite wurde zum Holzmachen verwendet oder zur Zerlegung von Beutetieren, während der Dorn wirklich tödlich war. Manche Tomahawks hatten einen Pfeifenkopf und konnten so auch als Kalumet verwendet werden oder für symbolische Handlungen. Je nachdem, ob das Tomahawk mit dem Pfeifenkopf oder der Axtseite nach vorn überreicht wurde, bedeutete das Krieg oder Frieden. In dieser Funktion war es auch das sogenannte „Kriegsbeil". Der

Ausdruck „das Kriegsbeil begraben", um Friede zu schließen, entstammt der Tradition einiger nordöstlicher Stämme, die bei einem Friedensschluss die Tomahawks vergruben.

In der Populärkultur wird immer wieder der sogenannte *Marterpfahl* bemüht. An ihn werden Gefangene gebunden, die dann schmerzvolle Prozeduren oder Verstümmelungen über sich ergehen lassen müssen, an denen sie zumeist sterben. Solche Martern sind allerdings nur für einen kleinen Teil der Stämme Nordamerikas wirklich belegt, so zum Beispiel bei den Komantschen, Kiowa, Irokesen, Lenni und Lenape. Dabei ist es meist jedoch so, dass die Gefangenen nach überstandener Tortur freigelassen und nicht etwa getötet wurden.

Allerdings war die öffentliche Folter bei den Indianern des nordwestlichen Waldlandes ein populäres Ritual. Die Marter konnte einige Stunden bis einige Tage dauern, wobei die Gefangenen unerträglichen Schmerzen ausgesetzt waren. Dabei galt: Je größer der Respekt vor dem Gefangenen, desto größer die Marter. Schon früh versuchten die englischen Kolonisten auf die Indianer einzuwirken, das Ritual nicht mehr vollziehen. Für die puritanischen Kolonisten war der Marterpfahl ein sichtbares Zeichen dafür, dass die Indianer wild und unzivilisiert waren.

Häuptlinge und Medizinmänner

„Die Indianerstämme werden von Häuptlingen angeführt", macht uns die Populärkultur glauben. Dabei wird der *Häuptling* oder *Sachem*, wie er bei den Indianern des Nordostens heißt, stets als alleiniger Herrscher dargestellt, der gleichermaßen als Richter, Gesetzgeber und oberster Kriegsherr fungiert. Tatsächlich war das Aufgabenspektrum eines Häuptlings weit differenzierter und unterschied sich von Stamm zu Stamm erheblich. So unterschieden nicht alle, jedoch viele nordamerikanische Stämme zwischen Friedenshäuptlingen und Kriegshäuptlingen. Das Amt des Friedenshäuptlings wurde dabei meist vom Vater auf den Sohn vererbt, wobei der Friedenshäuptling sich durch Klugheit, Tapferkeit und Weisheit auszeichnete. Hinzu kamen Charisma und außergewöhnliche rhetorische Begabung. Für einen Friedenshäuptling war es daher unabdingbar, dass er seinen Nachfolger schon früh schulte und ihm alles beibrachte, was er wusste.

In Friedenszeiten hatte der *Friedenshäuptling* weitgehend die Befehlsgewalt. Jedoch gab es auch Stämme, denen zwar ein Häuptling vorstand, der jedoch einem Ältestenrat verpflichtet war, der seine Entscheidungen und Vertragsabschlüsse anzweifeln konnte. Zumeist vertrat ein Häuptling das Amt des obersten Richters und erfüllte die Funktion eines obersten Diplomaten, der mit anderen Parteien Verhandlungen führen und Verträge schließen konnte.

In Kriegszeiten hatte bei den meisten Stämmen ein *Kriegshäuptling* das Sagen. Dieses Amt war nicht übertragbar. Ein Kriegshäuptling wurde zu bestimmten Zeiten zumeist vom Ältestenrat bestimmt. Dabei musste der Kandidat sich vor allem durch große Tapferkeit und geschickten Umgang mit Waffen auszeichnen. War er einmal im Amt, so übertrafen seine Befugnisse die Befehlsgewalt des eigentlichen Häuptlings, so lange sich der Stamm in einer kriegerischen Auseinandersetzung befand. Er war für Planung von Angriffen, die Organisation der Verteidigung, die Einteilung von Wachposten, die Festlegung von Lagerplätzen und die Führung der Krieger im Kampf zuständig.

Da viele Stämme in verschiedene kleine Gruppen geteilt waren und jede Gruppe ihren Häuptling hatte, bildeten sie

Gemeinschaftsräte, in denen alle Häuptlinge mitwirkten und wiederum Oberhäuptlinge bestimmten. Je nach Situation konnte es dann wiederum mehrere oder eben nur einen Oberhäuptling geben. Beispielsweise hatte Sitting Bull in der Schlacht am Little Bighorn River die alleinige Befehlsgewalt über die Lakota-Krieger und deren Verbündete. Einige Stämme wie die Apatschen kannten das Prinzip des Oberhäuptlings jedoch nicht. Bei ihnen standen alle Häuptlinge auf der gleichen Ebene der Stammeshierarchie. Ein Oberbefehlshaber, der alle Apatschen vereinte, gab es ebenso wenig wie eine Vereinigung aller Krieger der Apatschen, um gemeinsam in den Kampf zu ziehen.

Eine wichtige Position im Stammesleben nahm auch der *Medizinmann* ein, der neben dem Häuptling die herausragende Figur im Stammesalltag war. Die Bezeichnung Medizinmann ist wiederum eine Prägung der Weißen, abgeleitet aus dem Wort *Medewiwin* der Chippewa. Das Amt des Medizinmannes wurde hauptsächlich vom Vater auf den Sohn vererbt, teilweise wurde es aber auch von Frauen ausgeübt. Ein Medizinmann war heil- und naturkundlich geschult und verstand sich auf die Wirkkraft von Pflanzen. Für jede Krankheit kannte er eine entsprechende Therapie sowie die notwendigen Kräuter und Tinkturen. Ein Medizinmann war jedoch zugleich spiritueller Mittler, der zwischen Diesseits und jenseits, zwischen der Welt der Menschen und der Geister stand und beide Seiten zusammenbrachte. Wenn er sich in Trance versetzte, sprach er mit den Geistern und den Verstorbenen. Er konnte auch böse Geister vertreiben und Vorhersagen treffen. Außerdem vermittelte er unter den einzelnen Gruppen eines Stammes und sorgte so für Harmonie. Seine Visionen wurden von den Indianern in der Regel sehr ernst genommen. Sie richteten ihr künftiges Tun danach aus.

Eine weitere Aufgabe des Medizinmanns war die mündliche Überlieferung der Stammesgeschichte, die er in eine Erzählung verpackte und seinem Nachfolger weitergab. Damit verbunden war die Überlieferung der Rituale, deren Vollzug er überwachte. Bei einigen Stämmen kam ihm auch die Aufgabe zu, sich um das richtige Wetter zu kümmern, da auch dieses mit der Geisterwelt verbunden wurde.

Rollenverteilung und Familien

Die Hauptaufgaben der Männer waren Jagd und Kriegsführung. Dabei galten bei allen Indianerstämmen Tapferkeit, Mut und Geschicklichkeit als herausragende Tugenden der Männer. Für besondere Taten wurden sie mit Adlerfedern ausgezeichnet. Je größer der Federschmuck war, umso größer war das Ansehen des Kriegers in der Stammesgemeinschaft. Wollte sich ein Krieger für das Amt des Kriegshäuptlings empfehlen, war es für ihn unabdingbar, zuvor seine Tapferkeit zu beweisen und einen entsprechenden Federschmuck auf dem Kopf zu tragen.

Es war in vielen Indianerkulturen wichtig, ihre Jungen schon früh auf das Dasein als Krieger vorzubereiten. Geschicklichkeit und Gewandtheit wurden früh geübt, Tapferkeit und Mut gelehrt. Ebenso früh lernten die jungen Indianer den Umgang mit Waffen, wobei Pfeil und Bogen traditionell die größte Bedeutung zukam. Verglichen mit europäischen Bögen des Mittelalters waren die indianischen sehr klein, da sie für den Kampf auf dem Pferderücken zugeschnitten waren. Ein großer Bogen wäre beim Reiten eher hinderlich gewesen. Auch die Stammespolitik und das rituelle Leben waren fest in männlicher Hand. Häuptlingsämter wurden nie mit Frauen besetzt.

Die überwiegend patriarchalischen Strukturen der meisten Indianerstämme bedingten eine gesellschaftliche Unterord-

Die handwerkliche Tätigkeit des Webens war traditionell Aufgabe der Frauen. Vor allem bei den Navajo war die Webkunst sehr angesehen.

nung der Frauen, wobei deren Aufgabenverteilung weitaus komplexer war als die der Männer. Nur wenige Indianerinnen konnten sich aus ihrer gesellschaftlichen Einbindung lösen und öffentlich in Erscheinung treten. Neben Pocahontas ist heute lediglich Sacagawea, die Lewis und Clark auf ihrer Expedition begleitete, bekannt.

Indianerfrauen waren traditionell zwar in erster Linie Hausfrau und Mutter, arbeiteten aber auch als Bäuerinnen und kümmerten sich um alles, was mit der Nahrungszubereitung zu tun hatte. Sie verwerteten das Fleisch, die Knochen und Sehnen der Büffel, bestellten die Felder und kümmerten sich um Feuerholz. Zur Nahrungsergänzung sammelten die Frauen Wurzeln, wilde Rüben, Zwiebeln, Beeren und Nüsse. Die Vorräte wurden in

Körben in rinden- oder grasbedeckten trockenen Gruben aufbewahrt. Bei den Prärie-Indianern oblag den Frauen zudem der Auf- und Abbau der Tipis. Darüber hinaus waren sie verantwortlich für die Erziehung und Ausbildung der Kinder. Erst später wurden die Jungen von den Männern in der Kriegskunst unterrichtet.

Die Indianerfrauen verarbeiteten Büffelleder zu Kleidung und Gebrauchsgegenständen, die sie teilweise kunstvoll verzierten. Die Stämme hatten eine ganz unterschiedliche Haltung zu Kunst und Kunsthandwerk. Bei einigen Stämmen war das Korbflechten besonders angesehen, bei anderen wiederum das Töpfern oder wie bei den Navajo das Flechten von Decken, insbesondere von Satteldecken. Die Männer tauschten häufig Zierperlen von den Pelzhändlern ein, welche die Frauen dann kunstvoll in ihren Flecht- oder Webarbeiten verwendeten.

Eheschließungen wurden meist von den männlichen Oberhäuptern der beiden Familien arrangiert. Sie bestimmten die künftigen Partner ihrer Kinder, wobei sie deren Wünsche durchaus berücksichtigen konnten. Dabei war die Eheschließung selbst unter fernen Verwandten ein Tabu. Gern gesehen wurde dagegen, wenn mehrere Kinder einer Familie in eine andere einheirateten und so die Bande zwischen beiden festigten. Bei den nördlichen Waldlandindianern zog das junge Paar zu den Eltern der Frau, bei anderen Stämmen lebte man in der Familie des Mannes weiter.

Ein Mann durfte neben seiner Frau auch Zweitfrauen haben – im Krieg gefangene Sklavinnen oder Schwestern der eigenen Frau. Bisweilen heirateten Männer nach dem Tod ihrer Frau die Schwester der Verstorbenen.

Nicht mit dem Marterpfahl zu verwechseln ist der Wappenpfahl, auch Totempfahl genannt. Der Totem ist eine Art Schutzgeist und Vorfahre einer Familie. Es handelt sich beim Wappenpfahl um eine Art Familienwappen. In seltenen Fällen dient er der Erinnerung an einen Verstorbenen. Hauptsächlich errichteten die Indianer der Nordwestküste solche Pfähle, sie haben sich aber bei Stämmen anderer Kulturregionen durchgesetzt. Der Wappenpfahl wird aus Holz gefertigt und kunstvoll geschnitzt. Im Zentrum steht stets das Wappentier einer Familie, das sich auch auf Alltagsgegenständen befinden kann. Hinzu kommen andere für die jeweilige Familie bedeutsame Dinge wie Waffen oder Werkzeuge. Auch wichtige Stammesüberlieferungen, besondere Ereignisse oder gar Personen wurden stark stilisiert in den Wappenpfahl geschnitzt. Danach erfolgte die Bemalung mit grellen Naturfarben.

TEIL IV
GEGENWART UND ZUKUNFT

Reservationen und „Indianerpolitik"

Am Ende des 19. Jahrhunderts waren die Indianer Nordamerikas zahlenmäßig stark dezimiert, und ihr Selbstbewusstsein war gebrochen. Krankheiten, Alkoholismus, Drogen und nicht zuletzt dreihundert Jahre Indianerkriege hatten dazu geführt, dass nur noch wenige am Leben waren. Die Zwangsumsiedlungen in die Reservationen hatten weitere Opfer gefordert, besonders unter Alten, Kranken und Schwachen. Die Vertreibung aus der Heimat führte zu Hoffnungslosigkeit und fehlendem Lebensmut, die zum Bevölkerungsschwund beitrugen. Alte Wirtschaftsformen gingen verloren, die indianischen Gesellschaften zerfielen. Durch die schlechte medizinische Versorgung in den Reservationen sank zudem die Lebenserwartung, und die Geburtenrate ging drastisch zurück. Im Allgemeinen herrschte große Armut in den Reservationen, die nur langsam erholten.

In dieser Verfassung wurden die meisten Indianer in immer kleiner werdende Reservationen gedrängt, wo sie oft auf Unterstützung und Versorgung angewiesen waren. Die Kinder wurden in staatliche Schulen geschickt, sogenannte *boarding schools*, wo ihnen unter anderem das Sprechen ihrer Muttersprache verboten wurde, um die Assimilation voranzutreiben. Auch wenn sich die Situation etwas gebessert hat und es einzelne positive Beispiele gibt, ist das Leben in den Reservationen vielfach bis heute von Armut geprägt, die Arbeitslosigkeit ist hoch, Alkoholismus weit verbreitet und das Gesundheitswesen schlecht organisiert.

Insgesamt besitzen alle Reservationen zusammen heute noch etwa achtzig Prozent des Reservationslandes. Der Rest wurde verkauft. Diese etwa 225 410 qkm entsprechen 2,3 Prozent der Fläche der USA. Die Größe der Reservationen differiert dabei stark. Die *Navajo Nation Reservation* im Grenzgebiet von Arizona, Utah und New Mexico ist die größte Reservation und entspricht in etwa der Fläche von West Virginia. Zwölf weitere Reservationen sind größer als der heutige US-Bundesstaat Rhode Island, neun größer als Delaware.

Die Reservationen stehen unter der Verwaltung des 1824 gegründeten *Bureau of Indian Affairs*, das heute dem Innenmi-

Dieses Schild begrüßt die Reisenden an der Grenze zur größten zusammenhängenden Indianerreservation der USA: der Navajo Nation Reservation im Nordosten Arizonas.

nisterium der USA untersteht und erst seit den 1960er Jahren in indianischer Hand ist. Doch hat sich dadurch nicht viel geändert, da die traditionell gesinnten Indianer sich nicht für das BIA interessieren. Die entscheidenden Stellen beim BIA sind daher meist von progressiven oder Halbblut-Indianern besetzt, welche die indianischen Traditionen weniger respektieren und die Assimilation vorantreiben möchten. Das verdeutlicht den „innerindianischen" Konflikt zwischen Progressiven und Traditionalisten, der wirtschaftlichen und allgemeinen Verbesserungen häufig im Wege steht.

Normalerweise vergeben die Stammesregierungen die Nutzungsrechte am Land an die Reservationsbewohner. Das entspricht dem traditionellen Verfahren der Landverteilung. Daher gibt es in den meisten Reservationen wenig Individualbesitz. Es gibt jedoch Ausnahmen: In manchen Reservationen sind große Teile des Landes in den Händen von wenigen. Für die Indianer ist die Verpachtung ihres Landes heute eine der wenigen guten Einnahmequellen. Daher ist mittlerweile ein Großteil des Reservationslandes an Weiße verpachtet.

Nicht jeder Stamm hat allerdings seine eigene Reservation wie zum Beispiel die Navajo. Es gibt gut 550 anerkannte Stämme und lediglich rund 310 Reservationen. Einige Stämme müssen sich eine Reservation teilen, während andere sogar mehrere haben.

Der politische Status der Reservationen ist teilweise sehr unterschiedlich. Früher wurden die Reservationen ausschließlich vom *Bureau of Indian Affairs* verwaltet, heute ist der Großteil in Selbstverwaltung. Die rechtlichen Kompetenzen variieren jedoch stark und sind teilweise davon abhängig, welche Verträge der jeweilige Stamm mit den Vereinigten Staaten geschlossen hat. Generell haben die Reservationen heute eine Art unabhängigen Status, sie stellen Führerscheine aus und haben

Rechtshoheit. Dennoch benötigen sie weiterhin finanzielle Zuwendungen der Regierung, ohne die sie nicht überleben könnten. Die meisten haben eine Verfassung entwickelt, die an jene der USA angelehnt ist. Einige Reservationen sind besonders bemüht, Selbständigkeit und Unabhängigkeit zu erlangen. In diesem Fall ist besonders die Lakota Nation zu erwähnen, die in fünf Reservationen in South Dakota, North Dakota, Wyoming, Montana und Nebraska lebt. Sie erklärte sich im Jahr 2007 für unabhängig und kämpft seither um internationale Anerkennung.

Die Einrichtung von Indianer-Reservationen geht auf das Jahr 1640 zurück. In diesem Jahr verkaufte Uncas, der Häuptling der Mohegan, große Teile des Stammeslandes an die Siedler von Connecticut. Ein Rest des Gebietes blieb für seinen Stamm „reserviert". 1786, kurz nach dem Ende des Unabhängigkeitskrieges, wurde schließlich das erste Reservat der Vereinigten Staaten eingerichtet, um das Zusammenleben zwischen Siedlern und Indianern zu regeln. Die Siedler sollten nicht mehr in Indianergebiet ziehen, sondern in ein zuvor von den Indianern gekauftes und entsprechend deklariertes Land. Allerdings hielten sich die wenigsten Siedler an dieses Abkommen. Für die Indianer wurden die Weißen vertragsbrüchig, und die Regierungen in Washington mussten ständig neu mit den Stämmen verhandeln.

Nach der Umsiedlung der „Fünf zivilisierten Stämmen" des Ostens in das Indianer-Territorium ging es in der zweiten Hälfte des 19. Jahrhunderts darum, auch die westlichen Indianer in Reservationen zu bringen. 93 Prozent des heutigen Indianerlandes liegen daher im Mittleren Westen der USA. Nur gerade drei Prozent befinden sich östlich des Mississippi.

Die meisten Reservationen des Westens entstanden zunächst durch Verträge zwischen den Vereinigten Staaten und dem jeweiligen Stamm. 1871 ging die Regierung der Vereinigten Staaten dazu über, keine Verträge mehr mit den Indianern zu schließen. Von nun an hatten die Indianer kein Mitbestimmungsrecht mehr, welches Land zu ihrer Reservation werden und wie groß dieses Land sein sollte. Einzig und allein die Regierung in Washington entschied darüber. Rechtlich gesehen „reservierten" sich die Indianer ihr Land nicht mehr, sie bekamen es von der Regierung zur Verfügung gestellt. 1877 schlug ein Versuch fehl, den Indianern mit der sogenannten *Ingalls Bill* die amerikanische Staatsbürgerschaft einzuräumen. Sie fürchteten im Falle der Unterschrift um ihre vertraglich zugesicherten Rechte und lehnten das Vorhaben ab.

Am 8. Februar 1887 trat der *Dawes General Allotment Act* in Kraft. Er regelte, wie die Indianer im Indianer-Territorium und in den anderen Reservationen Land zugeteilt bekamen. Bis dahin galt das Land als Gemeingut des betreffenden Stammes. Nun wurde dieses Land zerstückelt, und jedes Familienoberhaupt erhielt ein Parzelle von vierzig, achtzig oder hundertsechzig Acres. Zum Schutz vor Landspekulanten und unüberlegten Verkäufen wurde den Indianern verboten, ihr Land innerhalb der nächsten 25 Jahre zu verkaufen. Die meisten Stämme verweigerten sich jedoch dieser Art der Landverteilung und nahmen das ihnen zugewiesene Land nicht an, so dass das überschüssige Land zu ihren Ungunsten an weiße Siedler vergeben wurde. Besaßen die Indianer 1881 noch fast 156 000 000 Acres Land, waren es im Jahr 1900 nur noch knapp 78 000 000 Acres.

Anfang des 20. Jahrhunderts begannen die Indianer sich juristisch zu wehren. 1906 wurde der *Burke Act* erlassen, der es *competent indians* erlaubte, ihr Land selbst zu verwalten. Die *incompetent indians* blieben weiterhin unter der Verwaltung des *Bureau of Indian Affairs*. Im Jahr 1924 erhielten die Indianer durch den *Indian Citizenship Act* das Wahlrecht und waren nun

Bürger der Vereinigten Staaten von Amerika. Vielerorts wurde das von progressiven Indianern begrüßt, allerdings gab es auch Gegenstimmen, die eine weitere Assimilation befürchteten.

Im gleichen Jahr trat ein amerikanischer Sozialarbeiter hervor, der sich für die Rechte der Indianer einsetzte. John Collier wehrte sich gegen deren fortschreitende Assimilation und sammelte Material, um seinen Protest vor Gericht zu bringen. Landenteignungen, Niedrigpreise, schlechter Unterricht und finanzielles Missmanagement durch das BIA führten zu einer Untersuchung, deren Ergebnisse 1928 publiziert und der Regierung unter Präsident Herbert C. Hoover vorgelegt wurden. Der Bericht bestätigte zwar die Vorwürfe, die Collier erhoben hatte, wurde jedoch von der Regierung ignoriert und nicht weiter verfolgt.

Im Jahr 1933 änderte sich die Politik der USA gegenüber den Indianern, da John Collier nun zum Indianerbeauftragten

Wohlstand ist unter den heutigen Indianern noch immer die Ausnahme. Das Foxwood Resort Casino bringt seinen Betreibern üppige Einnahmen.

berufen wurde und damit die Politik des BIA bestimmen konnte. Zunächst rief er einige Notprogramme ins Leben, die für Arbeit in den Reservationen sorgen sollte. Danach brachte er den *Indian Reorganization Act* auf den Weg, mit dem eine neue Ära begann. Fortan sollte der kulturelle Pluralismus akzeptiert und keine weitere Politik der Assimilation oder gar Segregation betrieben werden. Jede Reservation sollte eine eigene Verfassung erhalten und eine demokratisch gewählte Regierung bilden. Allerdings blieb die Selbstbestimmung der Reservationen trotzdem stark eingeschränkt, denn die eigentliche Macht hatte nach wie vor das BIA. Collier geriet mit seiner pro-indianischen Politik während des Zweiten Weltkrieges in die Defensive und trat schließlich 1945 zurück.

In den 1950er Jahren änderte sich die Indianerpolitik erneut. Der Staat sollte nicht mehr länger für die Indianer verantwortlich sein, die Stammesverbände sollten aufgelöst und deren Angehörige zu „normalen" Staatsbürgern der Vereinigten Staaten werden. Diese Vorgehensweise wurde als *Termination* bezeichnet, da sie die Indianer als eigenständige Bevölkerungsgruppe „auslöschen" sollte. Ein wichtiger Bestandteil dieser Politik war die Umsiedlung der Indianer in die großen amerikanischen Städte, wo sie jedoch ohne Perspektive und weiterhin in Armut am Rande der Gesellschaft lebten. Regelrechte Indianerslums entstanden in dieser Zeit in den Großstädten.

Jahrzehntelang sprachen die verschiedenen Indianerstämme nicht mit einer Stimme. Das änderte sich 1944, als der *National Congress of American Indians* (NCAI) entstand. Er sollte die Rechte der Indianer gegenüber den Vereinigten Staaten vertreten und die Politik der Termination bekämpfen. Der Congress warb zudem in der Öffentlichkeit für ein besseres Verständnis der indianischen Kultur und kümmerte sich um Bildung, Gesundheit und den Schutz von indianischen Stätten.

Bis in die 1960er Jahre hinein arbeitete der Congress als eine Art Lobbyorganisation und als juristische Vertretung. Unter Präsident John F. Kennedy überging der NCAI sogar das für Indianerangelegenheiten zuständige *Bureau of Indian Affairs* und wandte sich mit seinen Anliegen direkt an den Präsidenten. Kennedys Innenminister Stewart Lee Udall leitete schließlich eine Änderung der Indianerpolitik ein: Die Indianer sollten wirtschaftliche Eigenständigkeit und größere Partizipationsrechte als Bürger erhalten. Die Politik der Termination wurde abgeschafft. Zudem ernannte Kennedy Philleo Nash zum neuen Indianerbeauftragten des BIA. Er erließ bis 1968 63 Hilfsprogramme in 129 Reservationen, um die Armut zu bekämpfen und die Wirtschaft vor Ort anzukurbeln.

Das „American Indian Movement"

In den 1960er Jahren änderte sich auch das indianische Selbstverständnis. Viele fühlten sich durch das NCAI nicht adäquat vertreten. Andere forderten weniger Lobbyismus und dafür öffentlichkeitswirksame Protestaktionen auf den Straßen. Sie empfanden zudem, dass der NCAI unter der Bevormundung des BIA stand und so die Anliegen der Indianer nicht angemessen vertreten konnte. Parallel dazu nahmen politischen Aktionen der *Native Americans,* wie die Gruppe der nordamerikanischen Indianer heute politisch korrekt bezeichnet wird – obwohl es Stimmen gibt, die darauf verweisen, dass auch die Native Americans nicht aus Amerika stammen – seit Ende der 1950er Jahre zu. Diese Aktionen waren bestimmt von den drängendsten Themen: der Frage nach dem Landbesitz, nach den Rechten der Indianer und nach Gerechtigkeit für die erlittene Vertreibung.

Aus dieser Protestbewegung entstand 1960 der „Nationalrat der indianischen Jugend", das *National Indian Youth Commitee* (NIYC). Sie schloss als erste Jugendprotestgruppe Mitglieder aus allen Bundesstaaten ein.

Doch nun entwickelte sich im Rücken der Bürgerrechtsbewegung der Afroamerikaner eine Protestbewegung der Native Americans: das *American Indian Movement* (AIM). Es wurde 1968 von Vernon und Clyde Bellecourt in Minneapolis und St. Paul gegründet und gewann schnell viele Anhänger unter denjenigen Native Americans, die in den großen Städten lebten. Dort entstanden in den Ghettos eigene Ortsvereine, die sich die Gründung von Selbsthilfegruppen zur Bekämpfung der schlimmsten sozialen Probleme wie Wohnungsnot, Arbeitslosigkeit und Alkoholismus zum Ziel setzten. Darüber hinaus kümmerten sich die Ortsvereine des AIM um Rechtshilfe, initiierten Ausbildungs- und Arbeitsbeschaffungsmaßnahmen und sorgten für eine medizinische Grundversorgung. Ausdruck des neuen Selbstbewusstseins, das mit dem AIM einherging, war, dass in speziellen Schulen die alten Stammessprachen wieder unterrichtet wurden. Zudem organisierten sich in den Städten indianische Milizen zum Schutz gegen als rassistisch empfundene Übergriffe der Polizei. Der Protest des AIM richtete sich vor allem gegen die jahrzehntelange Unterdrückung und gegen die Politik des Bureau of Indian Affairs.

Das AIM wurde schnell zum Synonym für ein neues Selbstbewusstseins der nordamerikanischen Indianer. Es förderte die Wiederbelebung alter Lebensformen und eine Stärkung traditioneller Werte. Im Jahr 1974 waren Aktivisten des American Indian Movement an der Gründung des *International Indian Treaty Council* (IITC) beteiligt, das als nichtstaatliche Organisation zur Interessenvertretung aller indigenen Völker Amerikas wurde und 1977 von den Vereinten Nationen anerkannt wurde.

Neben der organisatorischen Entwicklung sorgten in den 1970er Jahren spektakuläre Aktionen des AIM immer wieder für Aufmerksamkeit und bescherten der Bewegung eine breite internationale Öffentlichkeit. Bald solidarisierten sich viele soziale Bewegungen weltweit mit den Forderungen der Indianer. Ein Höhepunkt war der *Trail of broken Treaties*, der im Herbst 1972 nach dem Vorbild von Martin Luther Kings Marsch auf Washington veranstaltet wurde. Damit erinnerte das AIM an die vielen gebrochenen Verträge zwischen Indianern und amerikanischer Regierung. Im Zuge des Marsches besetzten einige AIM-Aktivisten das *Bureau of Indian Affairs*. Das größte Aufsehen erregte jedoch die 71-tägige Besetzung des Dorfes Wounded Knee in der Pine Ridge Reservation im Jahr 1973 durch Aktivisten des American Indian Movement. Damit geriet Wounded Knee ein zweites Mal in den Blickpunkt der Öffentlichkeit – an gleicher Stelle hatte die Armee 1890 über zweihundert wehrlose Lakota getötet.

Das Muster dieser Bewegungen erinnert deutlich an afroamerikanische Bestrebungen. Die sogenannten Stadtindianer hatten die radikale Black-Power-Bewegung der *African Americans* zum Vorbild. So entstand die *Red-Power-Bewegung*, deren Gewaltbereitschaft bald auch die Politiker in Washington auf den Plan rief. Die Aktionen des *American Indian Movement* riefen in konservativen Kreisen Ablehnung hervor, was zu einer Verschärfung der Situation führte. Nach den protestreichen 1970er Jahren kam es in den 1980er Jahren zu einem Machtkampf innerhalb des American Indian Movement, bei dem sich die Gemäßigten gegen die Radikalen durchsetzten. Viele Rebellen kehrten der Bewegung nun den Rücken. Dennoch wurde der Geist des Widerstandes, den das *American Indian Movement* beschworen hatte, Teil des neuen Selbstbewusstseins der *Native Americans*.

Das neue Selbstbewusstsein

Einigen Statistiken zufolge sollen im Jahr 1900 nur noch
237 000 Indianer gelebt haben. Heute, über hundert Jahre nach
dem Ende der Indianerkriege, bekennen sich wieder vier Millionen Menschen zu ihrer indianischen Abstammung. Dabei ist
zu beachten, dass nicht alle von ihnen rein indianische Eltern
haben und dass es auch in den anderen Ethnien der Vereinigten
Staaten Menschen gibt, die indianische Vorfahren haben. Stolz
weisen auch „Weiße" darauf hin, dass es unter ihren Vorfahren
Indianer gibt.

Heutige *Native Americans* müssen dabei sehr differenziert
betrachtet werden, denn auch sie sind im 21. Jahrhundert ange-
kommen und nicht etwa Relikte aus der Zeit des Wilden Westens. Etwa die Hälfte aller nordamerikanischen Indianer lebt in
Großstädten, wobei es dazu unterschiedliche und zum Teil
stark abweichende Erhebungen gibt, wer als *Native American*
zählt und wer nicht. Für das *Bureau of Indian Affairs* gelten nur
jene Menschen als *Native Americans*, die zu fünfzig Prozent
indianische Vorfahren haben und einem von der Regierung
offiziell anerkannten Stamm angehören. Zugleich hat jeder
Stamm seine eigene Definition, wer dazugehört und wer nicht.
Beim US-Zensus, der Volkszählung der Vereinigten Staaten, die
alle zehn Jahre stattfindet, gilt als *Native American* jeder, der es
sein will.

Viele Indianer haben sich äußerlich mit dem American Way
of Life angepasst und fahren Auto, nutzen das Internet, unterhal-
ten eigene Zeitungen und versuchen sich in der Tourismusbran-
che. Der Großteil der anderen Hälfte lebt in den Reservationen,
wobei sechzig Prozent der erwerbstätigen Reservationsbewohner einer Profession außerhalb der Reservation nachgehen.
Deren Anpassung an die amerikanische Lebensweise vollzieht

sich hingegen nur schrittweise oder überhaupt nicht. Hier lässt sich ein Trend feststellen, dass alte Traditionen und Werte wie Tapferkeit, Respekt und auch die indianische Spiritualität bewahrt werden und in der indianischen Gesellschaft heute einen höheren Stellenwert besitzen als noch vor zehn Jahren. Auch werden in den Reservationen mittlerweile Alkoholismus und Drogensucht bekämpft und Schulen wie Colleges gebaut, um der neuen Generation eine vernünftige und zukunftsweisende Bildung zu vermitteln.

Generell stehen die Reservationsbewohner gewissermaßen zwischen Fortschrittlichkeit und Tradition. In beinahe jedem Stamm und jedem Reservat haben sich progressive Gruppen gebildet, die ein modernes Leben führen, an der Stammesregierung beteiligt sind und in die Zukunft blicken. Daneben gibt es konservative Gruppierungen, die sich dem Fortschritt gänzlich verweigern. Die Mehrheit steht irgendwo dazwischen.

Die Wirtschaft der Reservationen ist dabei weiterhin rückständig, Armut weit verbreitet. Überall versuchen die Bewohner ihr Kunsthandwerk an Straßenständen zu verkaufen. Auch wenn der Tourismus in den Indianergebieten zunimmt, kann er die Wirtschaft der Reservationen nicht nachhaltig beleben.

Anders sieht es mit dem Glücksspiel sowie dem steuerfreien Verkauf von Tabak und Benzin aus. Da das Reservationsland zwar auf dem Staatsgebiet der USA liegt, nicht aber deren Gesetzen unterstellt ist, ergeben sich lukrative Nischen für die Indianer. Zunächst begannen Stämme, deren Reservationen in der Nähe von bevölkerungsreichen Gebieten liegen, steuerfrei Zigaretten und Benzin zu verkaufen, was sehr schnell eine große Kundschaft anlockte. Als nächsten Schritt eröffneten einige Stämme Kasinos und lockten so weitere Besucher und Touristen in die Reservationen. Die einzelnen Bundesstaaten versuchten diese Entwicklung zu unterbinden, scheiterten aber vor Gericht. Die Bundesregierung der USA hingegen unterstützte den Bau von Kasinos und das Glücksspiel, da auf diese Weise Kapital in die Reservationen floss, das diese nutzten, um wirtschaftlich voranzukommen. Im Jahr 1988 wurde schließlich ein Bundesgesetz erlassen, das den Betrieb von Kasinos in Reservationen regelt.

Durch Glücksspiel und Tourismus, der beispielsweise 2009 durch die Einrichtung des View Hotels am Monument Valley in der *Navajo Nation Reservation* eine neue Qualität erreicht hat, fließen nun alljährlich Millionen in die Hände mancher Stämme, die damit die Infrastruktur ihrer Gebiete ausbauen, um ihren Lebensstandard zu verbessern. Im Volksmund werden die Kasinos vielerorts als „Rache des roten Mannes" bezeichnet, der mit der Spielsucht der Besucher Geld verdient. Doch auch durch Glücksspiel und Tourismus, der sich nur in wenigen Reservationen anbietet, wird deren allgemeiner Zustand nicht so schnell zu verbessern sein. Auch hier gilt wie so oft in Bezug auf die Indianer: Zu unterschiedlich sind die Bedingungen in den Reservationen, und zu unterschiedlich ist, was die Bewohner daraus machen und überhaupt daraus machen können, um eine Verbesserung ihrer Situation herbeizuführen.

ANHANG

Zeittafel

1608–14	Krieg zwischen den englischen Kolonisten und der Powhatan-Konföderation
1617	Pocahonats stirbt in England
1621	Massasoit kommt in Kontakt mit den Pilgervätern
1621	Friedensvertrag zwischen den Wampanoag und den Pilgervätern, erstes Thanksgiving
1622	Massasoit stirbt
1622	Jamestown-Massaker
1637	Krieg zwischen den englischen Kolonisten und den Pequot
1675–76	King Philip's War
1680	Aufstand der Pueblo-Indianer
1754–63	French and Indian War
1763–66	Pontiacs Aufstand
1763	Proclamation of 1763
1775–83	Amerikanischer Unabhängigkeitskrieg
1776	Unabhängigkeitserklärung der Vereinigten Staaten von Amerika
1791	Schlacht von Wabash River
1794	Schlacht von Fallen Timbers
1804–06	Expedition von Lewis und Clark
1812–14	Krieg von 1812
1817/18	1. Seminolenkrieg
1832	Black-Hawk-Krieg
1835–42	2. Seminolenkrieg
1838	„Pfad der Tränen"
1851	1. Vertrag von Fort Laramie
1855–58	3. Seminolenkrieg
1861–65	Amerikanischer Bürgerkrieg
1861–72	Guerilla-Krieg der Apatschen unter Cochise
1864	Kit Carsons Feldzug gegen die Navajo; langer Marsch der Navajo; Schlacht von Adobe Walls
1866–67	Red-Cloud-Krieg

1868	Vertrag von Fort Sumner und Rückkehr der Navajo; Zweiter Vertrag von Laramie
1869/70	Red-River-Rebellion
1872–84	Krieg von Geronimo
1874	2. Schlacht von Adobe Walls
1874/75	Red-River-Krieg
1875	Kapitulation der Komantschen unter Quanah Parker
1876	Schlacht am Little Bighorn River
1876/77	Krieg in den Black Hills
1877	Tod von Crazy Horse; Feldzug gegen die Nez Percé
1885	Northwest Rebellion
1885/86	Geronimos zweiter Krieg
1890	Sitting Bull wird erschossen
1890	Massaker am Wounded Knee

Literatur

Arens, Werner und Baum, Hans-Martin: Die Indianer Nordamerikas. Geschichte, Kultur, Religion. München 2008.

Augustin, Siegfried: Die Geschichte der Indianer. Von Pocahontas bis Geronimo. München 1995.

Bathi, Tom: Southwestern Indian Tribes. Las Vegas 1997.

Bitterli, Urs: Die Entdeckung Amerikas. Von Kolumbus bis Alexander von Humboldt. München 1992.

Brown, Dee: Begrabt mein Herz an der Biegung des Flusses. Hamburg 1972.

Coe, Michael D. (Hrsg.): Amerika vor Kolumbus. Augsburg 1998.

Emmerich, Alexander: Der Wilde Westen. Mythos und Geschichte. Stuttgart 2009.

Hack, Joachim: Das große Buch der Indianer. Alle Stämme – Alle Kriege. Bonn 2008.

Jeier, Thomas: Das große Buch der Indianer. Die Ureinwohner Nordamerikas. Wien 2008.

Josephy, Alvin M. jr.: Amerika 1492. Die Indianervölker vor der Entdeckung. Frankfurt am Main 1992.

Josephy, Alvin M. jr.: 500 Nations. München 1996.

Josephy, Alvin M. jr.: Die Welt der Indianer. München 1994.

Läng, Hans: Kulturgeschichte der Indianer Nordamerikas. Bindlach 1993.

Orth, René: Auf den Spuren der Indianer. Reutlingen 1988.

Sturtevant, William C. (Hrsg.): Handbook of North American Indians. Smithsonian Institution Press, Washington D.C.

Unrau, William E.: White Man's Wicked Water. Alcohol Trade and Prohibition in Indian Country, 1802–1892. University Press of Kansas, Lawrence, 1996.